教师职业技能实训系列教材

教师课堂教学技能与微格训练

主　编　周晓庆　王树斌
　　　　贺宝勋
副主编　胡海斌　赵德伟
　　　　庄科君　宋国琴

四川省高等教育“质量工程”项目成果

科学出版社
北　京

内 容 简 介

本书共6章。第1章介绍微格教学的概念、特点、作用、意义；第2章介绍微格教学系统的软、硬件构成及微格系统的使用方法；第3章及第4章对师范生各种教学技能进行详细介绍，并有针对性地进行专项训练；第5章介绍微格教案的编写及教学设计；第6章介绍微格教学的评价与反馈。

本书遵循教师成长规律，适应高等院校师范专业教育课程改革趋势，注重理论与实践的结合，使教学理论的学习与操作技能的锻炼得到有机的结合，让师范生能在较短的时间内，有针对性地进行系统的教学技能训练。

本书适用于进行教学法教学的教师以及所有师范类专业学生。

图书在版编目（CIP）数据

教师课堂教学技能与微格训练/周晓庆，王树斌，贺宝勋主编．—北京：科学出版社，2013

教师职业技能实训系列教材

ISBN 978-7-03-037684-8

Ⅰ.①教… Ⅱ.①周… ②王… ③贺… Ⅲ.①课堂教学—教学法—师范大学—教材 Ⅳ.①G424.21

中国版本图书馆CIP数据核字（2013）第118288号

责任编辑：胡云志／责任校对：宣 慧
责任印制：赵 博／封面设计：华路天然设计工作室

科学出版社出版
北京东黄城根北街16号
邮政编码：100717
http://www.sciencep.com
北京建宏印刷有限公司印刷
科学出版社发行 各地新华书店经销
*
2013年6月第 一 版 开本：720×1000 1/16
2025年1月第二十四次印刷 印张：10 1/4
字数：193 000
定价：39.00元
（如有印装质量问题，我社负责调换）

前　言

教书育人是教师的神圣使命。党的二十大报告明确指出到2035年要建成教育强国，要达到此目标需要培养一批优秀的教师，作为一名合格的教师，必须具有健康的身体、高尚的品格、深厚的学科专业知识及教育理论。除此之外，还应掌握从事教育教学工作的实际能力——教学技能。教学技能是教师必备的基本职业技能，教学技能的高低决定了教学艺术表现能力的强弱。教学技能是教师素质的重要组成部分，也是教师职业化、专业化的重要内容和标志。教师只有具备过硬的教学技能才能得心应手地从事教学工作。微格教学则是利用微型教学的方法对师范院校学生进行教师教学技能训练的一门必修课，微格教学作为一个有控制的实践系统，能让师范生在较短的时间内，有针对性地进行系统的教学技能训练。通过把教师的教学行为分解为各种教学技能分别加以训练，然后再综合起来进行教学实践，从而形成整体课堂教学能力。

本书注重师范教育理论过渡到实践的过程，能够加深学生对师范技能的理解及应用，使教学理论的学习与操作技能的锻炼有机结合，师范生能在较短时间内有针对性地进行系统的教学技能训练。本书主要内容包括微格教学的概念、特点、作用，微格系统的组成，教学技能训练，教学设计与微格教案的编写，微格教学的评价与反馈等。特别是第 2 章微格教学系统专门对微格系统的软硬件进行了较为详尽的介绍，加深了学生对微格教学的理解，分组训练时学生可自行对整个微格系统进行操作。

本书编者均为西华师范大学的一线教师，从事教学工作多年，具有丰富的教学经验，所学专业及研究方向均为教育技术或相关专业，有些教师还管理和维护微格系统多年。本书由周晓庆、王树斌、贺宝勋主编，其中第 1 章由周晓庆编写，第 2 章由胡海斌编写，第 3 章和第 4 章由贺宝勋和庄科君编写，第 5 章由王树斌编写，第 6 章由赵德伟、宋国琴编写。周晓庆负责全书统稿工作。

本书是 2011 年四川省高等教育“质量工程”项目——《教师职业技能训练中心建设》子项目《教师职业技能实训系列教材》的成果之一。在本书编写过程中，得到了西华师范大学校领导、教材发行中心及项目负责人冯明义教授的大力支持及帮助。编者阅读了国内多位专家的相关书籍，并引用了他们的部分成果，在此深表谢意！

由于编者水平有限，且时间仓促，书中难免有不妥之处，敬请广大读者批评指正。

编　者

2023 年 7 月 20 日修改

目　　录

前言
第 1 章　微格教学概论……1
1.1　微格教学概述……1
1.1.1　什么是微格教学……1
1.1.2　微格教学的过程……1
1.1.3　微格教学的特点……2
1.2　微格教学的理论依据……3
1.2.1　技能训练是承担较复杂活动的途径……3
1.2.2　微格教学符合教育学的观点……3
1.2.3　微格教学符合心理学的原理……4
1.2.4　微格教学符合控制论的原理……4
1.3　微格教学的意义……4
1.3.1　微格教学对教学论的贡献……4
1.3.2　微格教学中的科学方法促进了教育研究的科学化……5
1.3.3　微格教学促进了教师专业的发展……5
第 2 章　微格教学系统……6
2.1　微格教学系统概述……6
2.1.1　微格教学系统的发展……6
2.1.2　微格教学系统的组成及其功能……7
2.2　微格教学设施简介……10
2.2.1　摄录放设备……10
2.2.2　声音采集设备……12
2.2.3　影像设备……12
2.2.4　控制设备……13
2.2.5　照明设备……13
2.3　微格教学系统的使用……13
2.3.1　微格教学系统的操作流程……13
2.3.2　微格教学系统的使用……13
2.4　微格教学的实施……18
2.4.1　学习相关知识……18

2.4.2 确定训练目标……18
2.4.3 观摩示范……19
2.4.4 分析与讨论……19
2.4.5 编写教案……20
2.4.6 角色扮演训练……20
2.4.7 评价反馈……21
2.4.8 修改教案、重复训练……21
第 3 章 基本教学技能……23
3.1 课堂教学技能概述……23
3.1.1 课堂教学技能的概念……23
3.1.2 课堂教学技能的分类原则……23
3.1.3 课堂教学技能的基本分类……24
3.1.4 课堂教学技能的训练过程……25
3.1.5 课堂教学技能的训练环境……25
3.2 备课技能……25
3.2.1 备课技能的概念……25
3.2.2 备课技能的功能……26
3.2.3 备课技能的内容……26
3.2.4 备课技能的方法……30
3.3 说课技能……31
3.3.1 说课技能的概念……31
3.3.2 说课技能的功能……32
3.3.3 说课技能的类型……32
3.3.4 说课技能的内容……33
3.3.5 说课和讲课的差异……37
3.3.6 说课技能评价表……38
3.4 讲解技能……39
3.4.1 讲解技能的概念……39
3.4.2 讲解技能的功能……39
3.4.3 讲解技能的分类……40
3.4.4 讲解技能的运用原则……42
3.4.5 讲解技能评价表……44
3.5 教学语言技能……44
3.5.1 教学语言技能的概念……44
3.5.2 教学语言技能的功能……44
3.5.3 教学语言技能的构成与要求……45
3.5.4 灵活运用教学语言技能的类型……48

3.5.5 课堂教学语言应用原则 …… 49
3.5.6 课堂教学体态语言及应用 …… 51
3.5.7 语言技能评价表 …… 54
3.6 板书技能 …… 55
3.6.1 板书技能的概念 …… 55
3.6.2 板书的功能 …… 55
3.6.3 板书的分类 …… 56
3.6.4 板书设计的原则 …… 61
3.6.5 板书设计的方法 …… 61
3.6.6 板书技能评价表 …… 62
3.7 计算机辅助教学技能 …… 63
3.7.1 计算机辅助教学的概念 …… 63
3.7.2 计算机辅助教学的多媒体设备简介 …… 63
3.7.3 计算机辅助教学的功能 …… 64
3.7.4 计算机辅助教学技术的发展 …… 64
3.7.5 计算机辅助教学的模式 …… 65
3.7.6 计算机辅助教学中应当避免的误区 …… 70
3.7.7 计算机辅助教学技能评价表 …… 71
3.8 评课技能 …… 71
3.8.1 评课技能的概念 …… 71
3.8.2 评课技能的功能 …… 72
3.8.3 评课的内容 …… 73
3.8.4 评课的技巧 …… 76
3.8.5 评课技能评价表 …… 77
第 4 章 调控教学过程的技能 …… 78
4.1 导入技能 …… 78
4.1.1 导入技能的概念 …… 78
4.1.2 导入技能的功能 …… 78
4.1.3 导入技能的类型 …… 79
4.1.4 导入的结构 …… 83
4.1.5 导入的原则与实施要点 …… 85
4.1.6 导入技能评价表 …… 86
4.2 提问技能 …… 86
4.2.1 提问技能的概念 …… 86
4.2.2 提问技能的功能 …… 86
4.2.3 提问技能的类型 …… 88
4.2.4 提问过程的构成 …… 90

4.2.5 提问技能运用要点 …… 91
4.2.6 提问技能评价表 …… 93
4.3 教学组织技能 …… 94
4.3.1 教学组织技能的概念 …… 94
4.3.2 教学组织的功能 …… 94
4.3.3 教学组织技能的类型 …… 96
4.3.4 教学组织的原则 …… 101
4.3.5 教学组织技能评价表 …… 103
4.4 变化技能 …… 103
4.4.1 变化技能的概念 …… 103
4.4.2 变化技能的功能 …… 104
4.4.3 变化技能的构成要素 …… 104
4.4.4 变化技能的类型 …… 105
4.4.5 变化技能的应用要点 …… 109
4.4.6 变化技能评价表 …… 110
4.5 结束技能 …… 110
4.5.1 结束技能的概念 …… 110
4.5.2 结束技能的功能 …… 110
4.5.3 结束技能的构成要素 …… 112
4.5.4 结束技能的类型 …… 113
4.5.5 结束技能的应用原则 …… 118
4.5.6 结束技能评价表 …… 119
4.6 强化技能 …… 119
4.6.1 强化技能的概念 …… 119
4.6.2 强化技能的功能 …… 120
4.6.3 强化技能的构成要素 …… 121
4.6.4 强化技能的类型 …… 122
4.6.5 强化技能应用的原则 …… 124
4.6.6 几个概念的区别 …… 126
4.6.7 强化技能评价表 …… 127
第 5 章 教学设计与微格教案的编写 …… 128
5.1 课堂教学设计概述 …… 128
5.2 教学媒体的选择 …… 129
5.3 微格教学的教学设计 …… 130
5.3.1 微格教学设计的方法 …… 131
5.3.2 微格教学设计的程序 …… 131
5.4 教案的编写 …… 131

5.4.1 微格教学教案编写的内容和要求……132
5.4.2 微格教学教案的审阅和批改……133
5.5 微格教学教案举例……134
第6章 微格教学的评价与反馈……137
6.1 教育评价的一般概念和作用……137
6.1.1 评价与教育评价……137
6.1.2 教育评价与教育测量……137
6.1.3 教育评价的作用……138
6.2 微格教学评价的性质和指标体系的建立……139
6.2.1 微格教学中评价的性质……140
6.2.2 微格教学技能评价指标体系的制定……141
6.3 微格教学技能评价的实施过程……145
6.3.1 讲授教学技能及组织评价动员……145
6.3.2 微格教学中评价记录，收集信息资料……147
6.3.3 评价信息资料的统计处理……147
6.3.4 分析判断，作出结论……147
6.3.5 微格教学中学员的评价意识……148
6.4 微格教学中的反馈……149
6.4.1 反馈的条件和意义……149
6.4.2 反馈的方式……150
6.4.3 反馈应注意的问题……151
参考文献……153

第1章　微格教学概论

1.1　微格教学概述

1.1.1　什么是微格教学

微格教学译自“Microteaching”，意为“微型教学”、“微观教学”、“小型教学”。把复杂的教学过程分解为许多容易掌握的单一技能(导入技能、语言技能、讲解技能、提问技能、演示技能、板书技能、变化技能、强化技能、组织技能、结束技能)，对每种教学技能分别进行培训，并借助现代化的视听设备进行现场记录，而后及时反馈、客观评价和纠正重教，这种系统培训师范生及在职教师教学技能的方法就称为微格教学。它是一个可控制的实践系统，利用这个系统可使师范生和新教师有可能集中解决某一特定的教学行为，或在有控制的条件下进行学习。它是建立在教育理论、视听理论和技术的基础上，系统训练教师教学技能的一种较为先进的教学方法。

1.1.2　微格教学的过程

1. 事前的学习和研究

学习的内容主要是微格教学的训练方法、各项教学技能的教育理论基础、教学技能的功能和行为模式。

2. 提供示范

通常在训练前结合理论学习提供教学技能的音像示范，便于师范生对技能的感知理解和分析。

3. 确定培训技能和编写教案

每次训练只集中培训一两项技能，以便使师范生容易掌握。微格教学的教案具有不同于一般教案的特点，它要求说明所应用的教学技能的训练目标，并要求详细说明教学过程设计中的教学行为是该项教学技能中的什么技能行为要素。

4. 角色扮演

在微型课堂中，十几名师范生或进修教师，轮流扮演教师角色、学生角色和评价员角色，并由一名指导教师负责组织指导，一名摄像操作人员负责记录(可由学员担任)。一次教师角色扮演为 5 ~ 15 分钟，并用摄像机拍摄下来，由评价员填写评价单。

5. 反馈和评价

教师角色、学生角色、评价员和指导教师一起重放录像，教师角色扮演者进行自我分析，指导教师和学员一起讨论评议，将评价单数据输入计算机进行定量的综合评价。

6. 修改教案后重新进行角色扮演

对反馈中发现的问题，按指导教师及学员集体的建设性意见修改教案，经准备后进行重教。重教后的反馈评价方法与步骤 5 相同。若第一次角色扮演比较成功，则可不进行重教，直接进行其他教学技能的训练。

1.1.3 微格教学的特点

1. 技能训练单一集中

微格教学打破了以往教师培训的固有模式，将复杂的教学行为细分为多个容易掌握的单项技能，如导入技能、讲解技能、提问技能、强化技能、变化技能、演示技能、板书技能、结束技能等，并规定每一项技能都必须是可描述、可观察和可培训的，并能逐项进行分析研究和训练。

2. 认识自我、反馈及时

正确地认识自我，给自己一个客观的评价，往往并不容易做到。只有充分认识了自我，自己的不足之处才最容易得到改正。微格教学利用了现代视听设备作为记录手段，真实而准确地记录了教学的全过程。被培训者可以作为“第三者”来观察自己的教学活动，对自己的教学表现有一个立体的认识，既容易认识自我，又能够接受指导教师或其他被培训者的建议，使得失之处在被培训者的心中有更深的印象。

3. 心理压力小、利于创新

微格教学是在较逼真的模拟课堂中进行的，被培训者面对的是与自己朝夕相处的同学和老师，且不必担心试教失败对学生造成的不良社会影响，也不必担心会影响学校的正常教学秩序。这种训练方式便于增加被培训者的自信心，减轻其心理压力，并有利于被培训者广泛吸收反馈意见，改进不足，大胆革新，掌握、完善、灵活运用各种教学技能，形成自己的教学风格。

4. 定性与定量评价相结合

定性分析与定量分析相结合的方式，可以弥补这两种评价方法单一使用的不足，既提高了准确度，又不致因分析过细而忽略教学的整体性和艺术性。

5. 角色转换

在微格教学课程中，每个人从学习者到执教者，再转为评议者，如此不断地转换角色，反复地从理论到实践，经过实践再进行理论分析、比较研究，这种角色转换多元化的培训方式，既体现了教学方法、教学模式的改进，又体现了新形势下教育观念的更新。

1.2　微格教学的理论依据

1.2.1　技能训练是承担较复杂活动的途径

技能按其本身的性质和特点可分为心智技能和动作技能两种。苏联心理学家加里培林等关于心智活动分阶段形成的学说认为："心智活动是一个从外部的物质活动向内部的心理活动的转化过程"。在微格教学培训中，这个物质活动是借助示范、角色扮演、录像等为支柱而进行的。通过观察使被培训者形成活动本身和效果的表象，在实际训练中，再以此为基础进行各种言语阶段的心智活动。动作技能和心智技能的形成既有共同点，也有不同点。其形成过程包括掌握局部动作阶段、初步掌握完整动作阶段、动作协调和完善阶段。教学技能的训练在微格教学中是逐个分别进行的，当每一种技能都掌握以后，再把它们综合起来，形成较为完善的课堂教学。

1.2.2　微格教学符合教育学的观点

教育学的观点认为，教师要想不断地改进和完善自己的教学，必须获得三种信息，即教学方法和教学内容的信息、学生的反馈信息、教师对自身教学行为的反馈信息。前两种信息已被教师注意，而后一种信息，只有在微格教学中采用视听设备记录后，从音像反馈里才可发现自己教学中的优点和缺点，以便扬长避短，变被动为主动，更好地调整自己的教学行为。

1.2.3 微格教学符合心理学的原理

心理学的观点认为，在人的感官效率中，味觉占 1%，触觉占 1.5%，嗅觉占 3.5%，听觉占 11%，视觉占 83%。因此，视听并用能使受训者获得最大信息量。微格教学中的观察示范和技能训练的音像反馈，就是从视听两个方面作用于被培训者的感官。心理学研究还证明，人们观察自身的行为所得到的反馈刺激，比别人提供的反馈刺激要强得多。

1.2.4 微格教学符合控制论的原理

反馈是控制的基本方法和过程，其目的是使控制者知道以往的活动或过程的结果，并以此调节下一步活动的过程以实现所要达到的目的。反馈应同时具备两个条件，一是准确性，二是及时性，两者缺一不可。准确性是指反馈信息必须真实可靠，错误的反馈信息会导致作出错误的判断，而使控制失效。及时性是指反馈的速度要大于受控体状态改变的速度，即反馈要在下一次决策之前完成，只有这样才能起到有效的调节作用，才能达到控制的目的。

微格教学用现代化视听设备，为被培训者提供关于自己教学行为的准确及时的反馈，其间还包括由讨论得来的指导教师和学生的客观评价，所以能使被培训者在一个有控制的环境中对照训练目标，客观地分析和调整自己，有效地控制自己的教学行为，从而很快达到培训目的。

1.3 微格教学的意义

1.3.1 微格教学对教学论的贡献

微格教学对于教师教育的计划、目的、目标、内容、范围、过程、评价都具有重要意义。微格教学对课堂教学技能的研究填补了教学论和各科教学法研究的空白。一般教学论和各科教学论的内容通常涉及课程论、学习论、教学过程、教学原则、学生非智力因素对教学的影响、教学测量与评价等。这些内容是在宏观教学活动层次上对一般教学系统或学科专业教学的一般规律的研究。涉及教师素质的内容往往是对教师所应具有的教学能力进行原则要求式的论述，缺乏对教学能力结构的深层次研究和培养途径的研究。微格教学的研究成果说明了基本的教学技能是形成综合教学能力的基础，并对各学科课堂教学中应有哪些教学技能，各项教学技能是什么，以及教学技能的形成规律问题进行了较深入的研究，填补了对教学能力深层次问题研究的空白，为教学论向深层次和更实用的方向发展创造了有利的条件。

1.3.2　微格教学中的科学方法促进了教育研究的科学化

微格教学将以客观性、系统性、具体性为特征的科学方法论和现代科学技术手段有效地应用于教学技能的研究开发和训练实践中，借鉴了自然科学中的研究方法，找到了一个合适的研究层次，并实现了对复杂教学活动变量的控制和训练过程的系统控制，使基础理论对实践的指导达到了可操作的水平。微格教学在方法论上为教育科学的研究提供了一个成功的经验，明确了科学方法论是教育理论与教育实践之间有机结合的中介，这种中介作用在实践上表现为教育技术的实际应用。

1.3.3　微格教学促进了教师专业的发展

利用微格教学训练学生的教学技能，开展教育教学研究，是教师专业发展的内在要求。在当今信息化社会的背景下，微格教学系统利用现代电子、计算机、网络科技发展成果，使教学过程从导演、拍摄、演播、制作、编辑、合成、导播、录制、存储到传输一气呵成。

微格教学是教师专业化发展组织形式的重要技术支撑；微格教学为教师的教学分析和反思提供了真实有效的素材信息；微格教学是教师专业化发展的一种重要的新型手段。微格教学遵循并合理利用人类认识发展的规律，能有效地促进教师教学技能专业化。与公开课、观摩课和研究课相比，微格教学的教学反思更加直截了当，因而对教师的专业化发展有着更重要的作用。

第2章　微格教学系统

2.1　微格教学系统概述

微格教学系统是以现代教学理论为基础，运用视听设备，系统训练师范专业学生或在职教师教学技能的有效工具，它可以再现教学过程的各个环节，实现对教学过程的及时分析与反馈。在它提供的训练环境中，采用以班为单位分小组试讲的形式，授课时间短，内容单一，只关注某一种教学技能的训练，将综合、复杂的课堂教学分解成一些教学片段、单元，使综合的、复杂的、受多种因素制约的教学能力的培养，变成有清晰目标、可观察、可描述、可操作的单一的教学技能的训练。

2.1.1　微格教学系统的发展

1. 模拟方式

早期使用微格教学法训练学生教学技能时，在试讲学生面前架设一台模拟信号摄像机，将其讲课内容录制在录像带上，在教师需要进行评讲时，用录像机将录像带倒带后，进行回放，它是基于录像带的微格教学，通过一个主控室控制多个微格教学教室，其传输方式和存储方式皆采用模拟信号。信号相互之间的干扰几乎不存在，同时前端设备的兼容性极强，可以兼容各种不同种类和信号的摄像设备，可以为不同的场合提供不同的需求，使其性能稳定，应用范围得到很大程度的保证，因此它有价格低廉、系统稳定的突出特点。但使用这种方法，教师的工作强度很大，评讲效率低，同时学生往往因面对摄像机镜头紧张而很难发挥其真实水平。

2. 准数字方式

这种方式是在传统模拟方式的基础上，采用集中数字化的原理，将前端模拟信号进行集中数字化，存取为数字信号。它吸取了传统方式的各种优点，前端采用一对一模拟方式进行传输，这样就保证了其稳定性和兼容性的应用范围，更重要的是，它将前端的信号进行了集中数字化，存取为数字信号，这样就克服了其共享性和开放性差的缺点，可以满足课间教学、远程教学指导的需要。在微格实验教学过程中，从学生讲课内容的录制到录像内容的编辑整理等都由计算机及软件完成，这在很大程度上提高了工作效率，但因为采用了一对一的方式传输，教学系统的安装布线较为复杂。

3. 纯数字方式

随着多媒体技术、计算机网络技术及数字音视频技术的发展，纯数字化微格教学系统开始出现，它具有智能化、网络化的特点。此种方式是在准数字方式的基础上同步发展的，包括前端信号在内的所有信号均采用数字化信号传输，它突破了传统的模拟方式，是集微格教学、多媒体编辑、影视音像制作、多媒体存储、视频点播、数字化现场直播为一体的全数字化网络系统。它将多媒体教学网络、闭路电视系统、微格教学系统完全融为一体，为辅助传统教学创建了一个功能强大的数字化多媒体网络环境，在这里，观摩和评价系统均采用计算机设备，并通过交换机连接校园网或 Internet。信息记录方式采用硬盘存储或刻录成光盘，人们可以随时、随地通过网络或光盘进行点播、测评与观摩。相对于传统模拟方式的微格教学系统，数字化微格教学系统管理、操作更加容易、更加简便、实时性更强，采用标准的以太网络布线标准，方便简单，安装快捷，是目前微格教学系统采用的主流方式。

2.1.2　微格教学系统的组成及其功能

1. 微格教学系统的组成

微格教学系统由微格教室、观摩评课室、主控室等构成，其逻辑示意图如图 2-1 所示。

1) 微格教室

微格教室，如图 2-2 所示，是受训者进行角色扮演的模拟教室，一般面积为 20 平方米左右，能容纳 10~20 名学生，微格教室里的教学设备除了具备一般的多媒体教学设备(如课桌、黑板、讲台、投影、音响、中控等)之外，还装有录音话筒、拾音器、摄像机和分控机。

在微格教室中可以呼叫主控室，并与主控室对讲。微格教室中可以控制本室的摄像系统，录制本室的声音和图像，以便对讲课情况进行分析和评估。摄像机可以采用固定机位，也可以采用云台控制方式根据需要灵活架设机位，云台的控制和录像机的播放、停止、暂停、快进、快退可以在微格教室的分控机上完成，也可以通过主控室的主控服务器完成。

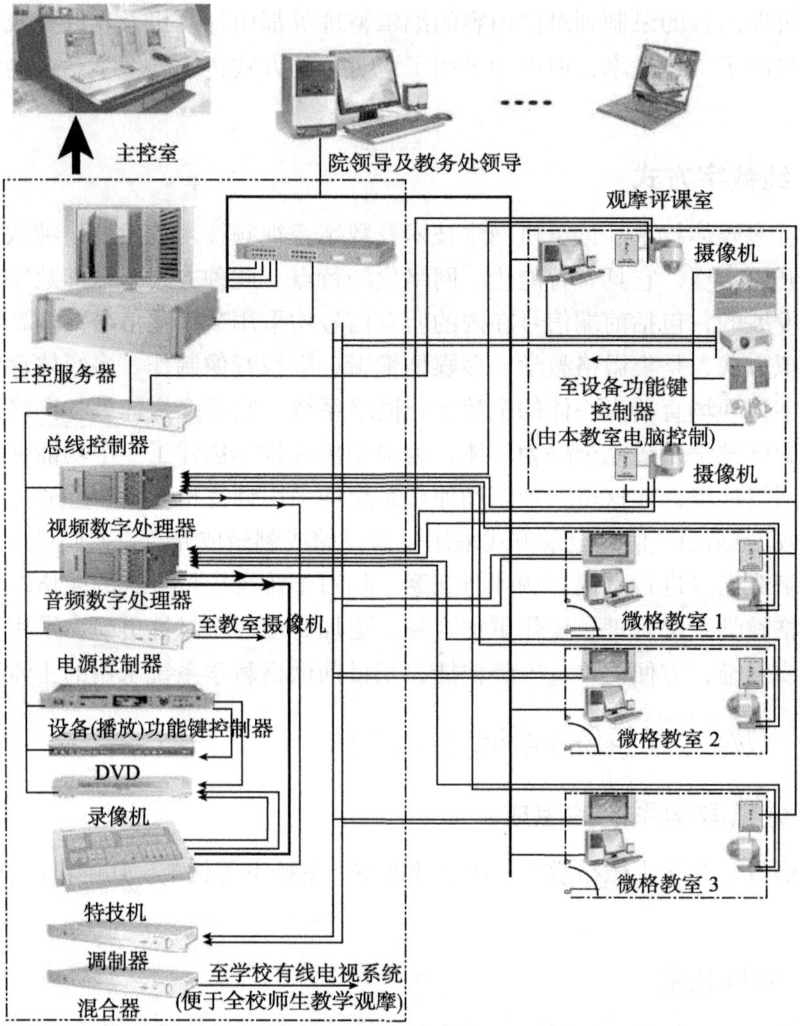

图 2-1　微格教学系统逻辑示意图

图 2-2　微格教室

2) 观摩评课室

观摩评课室，如图 2-3 所示，是参与培训的师生们现场观摩或回放录像进行反馈、评价的教室，一般面积较微格教室大，容纳学生 100 人左右。数字化微格系统下的观摩评课室是一个装有投影的多媒体教室，把主控室中经视频切换器选择后的视频信号送到投影上，即可实时同步播放教学实习的实况，供指导教师现场评述，让较多的学生观摩分析。

图 2-3 观摩评课室

3) 主控室

主控室，如图 2-4 所示，包括主控服务器、视频数字处理器、音频数字处理器、DVD 实时录像刻录机、微格教室监控屏幕墙、特技切换台、操作台等设备。

图 2-4 主控室

主控室可以呼叫任一微格教室并与其对讲，远程控制任一微格教室中的摄像机及云台，监视和监听任一微格教室的图像和声音，将微格教室的教学训练场景进行录制，供课后评课，也可以将某个微格教室的教学训练场景进行转播，供其他微格教室观摩，还可以通过非线性编辑软件对录制的信息进行处理，压缩成流媒体格式视频文件，上传至校园网，教师和学生可以通过视频点播系统对自己感兴趣的部分点播或下载。

2. 微格教学系统的功能

微格教学系统主要用于教师技能训练和对教学行为作出反馈，进而培养学生熟练地掌握教学技能，在实验中对学生进行素质教育。微格教学系统具有以下基本功能和特性：

(1) 微格教室设备是高度整合的系统，能全自动或按课表时间录制课件节目，自动生成多媒体课件点播文件，最大限度减少用户使用时不必要的麻烦，让教师及学生在教与学的过程中熟悉和使用信息化的教学手段。

(2) 微格教室内除授课的教师和学生外，不会受到其他工作人员的干扰，系统能够将教学过程中的音视频信号和计算机动态画面实时编码保存，自动录制保存为通用的视频格式文件，用于事后的回放及后期编辑制作，以便课后学生、教师及教学管理人员点播浏览和教学研究。

(3) 指导教师在现场或在主控室、观摩教室等场所，通过网络对摄像机云台、多倍变焦镜头对摄像机进行远程操作，对教师动作、学生回答、板书内容拍摄特写镜头，实现对教室内受训人员或教师的教态、语态、板书及学生活动的全方位拍摄和录像，对教学全过程从不同方位进行现场评估、监控、录像，并可实现远程评价人员在异地评价的功能。

(4) 实现对优秀教师、外聘特级教师的示范课程实况直播及自动录像，组织青年教师及教学管理人员在主控室进行听课，记录缺点和问题，进行课后的对比和提高，以利于其他教师的观摩和学习。

(5) 通过网络对课堂进行交互式现场直播教学，实现本教室成员间或各教室成员及指导人员与受训人员之间的双向实时教学交流。

(6) 精品课程的自动录制，学校重点课程的资料留存，建立资源库进行兄弟学校之间的资料交流。

此外，现代的微格教学系统还具有低延时的IP网络的实时视频传输性能，可广泛地用于视频会议、多媒体课件制作、微格教学、远程教学、网上电视转播等多种应用场合。

2.2 微格教学设施简介

2.2.1 摄录放设备

1. 摄像设备

摄像设备性能可直接决定录制视频的质量，应该选用质量较好、性能稳定的摄像设备。目前，微格教室中大多采用低照明度、水平分辨率在 300 线以上、信噪比在 46dB 以上的电耦合 CCD 的数字摄像机或摄像头，如图 2-5 所示。摄像机一般有变焦、定焦、自动光圈和手动光圈之分，需要控制人员在微格教室的分控机或主控室的主控服务器通过远程控制设备调整摄像机的方位、图像的远近、焦距、打开或关闭摄像机等。若用做精品课程录像或公开课示范的微格教室可考虑采用具有自动跟踪功能的摄像机，如图 2-6 所示。该类摄像机可以自动跟踪、对焦在教室内活动的教师画面，减少了人工干预，但价格较高。

图 2-5 摄像机

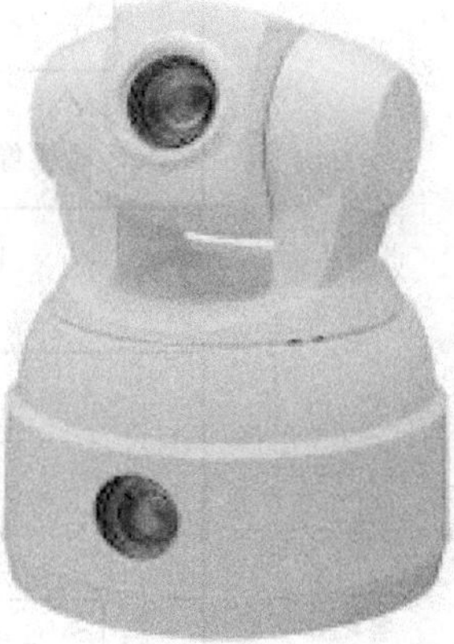

图 2-6 自动跟踪摄像机

采集的视频信号需要通过主控计算机编码、压缩、存储。摄像机既能采集视频，又能录音，使用相对简单，操作人员仅需在使用前做简单的培训即可在微格教室对设备进行操作，摄制的视频信号可以通过数字记录盘实时存储，还可以将数字信号传送到主控计算机。

在摆设摄像机的架设位置时可根据实际情况选择是双机拍摄还是单机拍摄。双机拍摄是一架摄像机在后面拍教师，获取“模拟教师”的教学活动，另一台在前面的一侧拍摄学生，获取“模拟学生”的学习反应情况，如图 2-7 所示；单机拍摄是把摄像机架在教师和学生中间的一侧，既可拍教师，也可拍学生，如图 2-8 所示。

2. 录放设备

早期采用垂直螺旋扫描(Vertical Helical Scan, VHS)录放机，因其磁头易磨损，机械故障频繁，回放时需倒带，操作麻烦，已逐渐淡出市场。现在大多采用计算机加装一块视频采集卡配合相关软件完成录像和放像的慢速播放、逐帧播放和完全禁止等功能。用硬盘作为记录载体可以方便音、视频信息的存储，若配合学校的校园网传送，可以拓宽微格教学中反馈评价的途径，加快微格教学的普及使用。

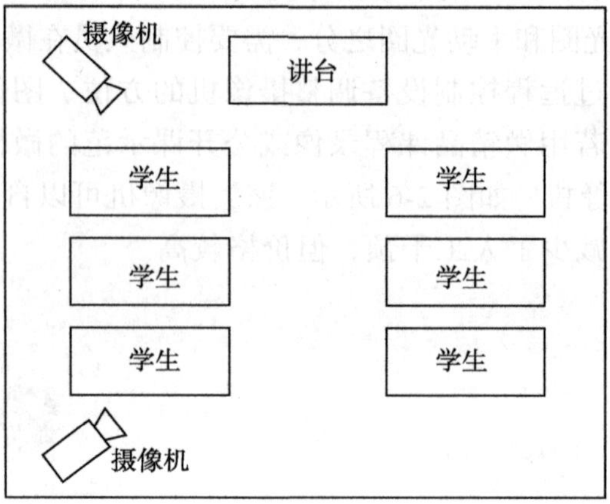

图 2-7　双机架设位置图

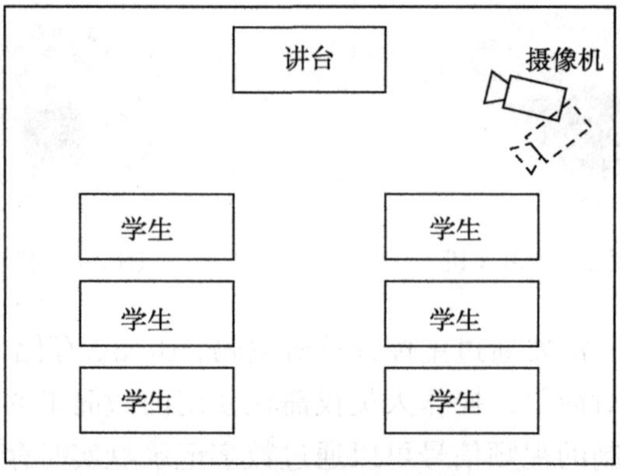

图 2-8　单机架设位置图

2.2.2　声音采集设备

微格教室对传声器的要求是失真小、灵敏度高、指向性强。教师佩带的无线录音话筒用来获取“模拟教师”的声音，采集到的教师声音，音质清晰。通过固定在天花板或讲台上的拾音器获取“模拟学生”的声音。也可采用师生共用一个拾音器的传声方法，效果也能满足要求。

2.2.3　影像设备

录制的视频在供评课或现场观摩时，往往需要影像设备供师生观看，通常采用的方式为：

(1) 投影+幕布+功放+音响。观摩评课室房间较大宜采用这种方式。

(2) 大屏幕电视。微格教室面积较小可以考虑采用挂式的大屏幕液晶电视，既节省空间，使用寿命也较长。

2.2.4　控制设备

微格教学的控制设备在微格教室里可以集成在数字化讲台内部，实现对微格教室内的计算机、摄像机、投影、幕布、话筒的电源开关的控制，摄像机的方位、远近、聚焦、录像、回放等可以通过分控机或主控服务器上的软件或遥控板完成。

2.2.5　照明设备

微格教室在使用时涉及摄录像的问题，较好的自然照明条件可以保证画面的层次感。如果室内光线较暗，就要把摄像机镜头的光圈开得较大，这是以牺牲画面景深为代价的，同时由于光线不足，需调高摄像机增益，画面质量将会受到较大影响。为了弥补自然光线的不足，可在微格教室中加装必要的灯具，一般可采用工作时无噪声的节能型电子镇流器日光灯。

2.3　微格教学系统的使用

2.3.1　微格教学系统的操作流程

进入微格教室进行教学训练之前，指导教师和受训者应该熟悉微格教学系统的整个操作流程，其流程如图 2-9 所示。

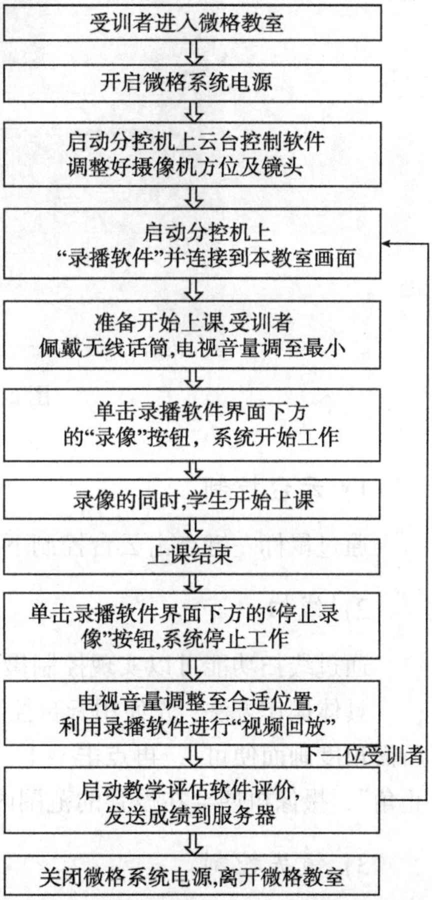

图 2-9　微格教学系统的操作流程

2.3.2　微格教学系统的使用

1. 摄像机的架设

微格教室里的分控计算机进入 Windows 后，双击启动桌面上 HM-DMS2006 客户端软

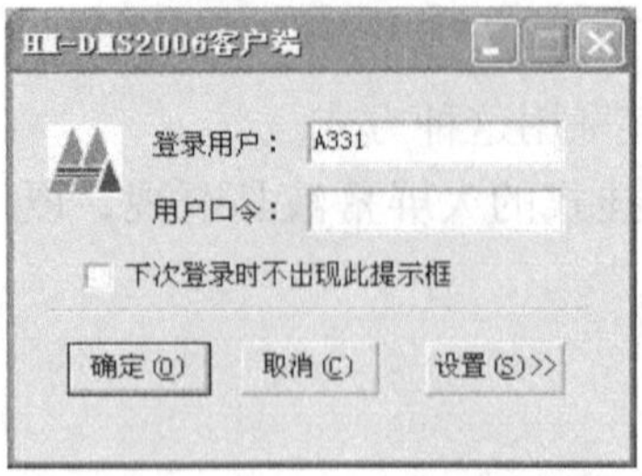

图 2-10 云台控制登录界面

件，显示器上出现多媒体微格教学系统控制软件的登录界面，在“登录用户”处输入本教室的门牌编号，直接点“确定”后，可看到和控制本教室的摄像场景(如图 2-10 所示，本教室的门牌编号为 A331，则在“登录用户”处输入“A331”后点击“确定”)。

点击“确定”后，便弹出可通过微机控制各摄像机工作状态的操作界面，并可在液晶电视上观察到各观察点的情况，如图 2-11 所示。

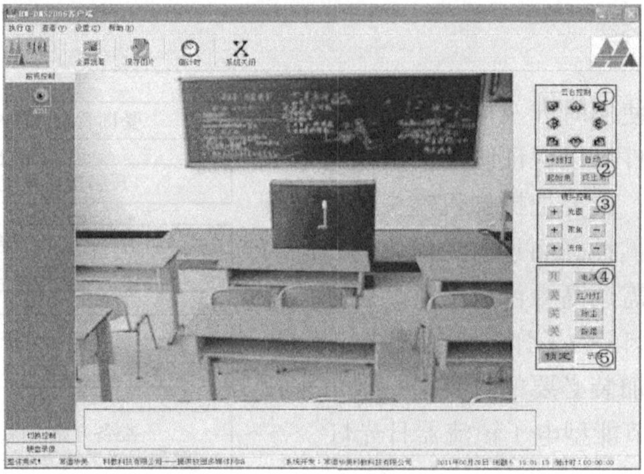

图 2-11 云台控制主界面

1) 云台控制

通过鼠标左键点击云台控制下的 8 个方位按钮，可以控制摄像机的转动方向。

2) 线扫

通过线扫功能可以实现控制摄像机在某一范围循环摆动。

具体操作方法：先使用云台控制设置一个“起始角”(用方位按钮将镜头移动到所需角度画面便可)，再点击一下“线扫”，摄像机转到合适的位置时点击一下“终止角”，摄像机便会在设置的范围内来回摆动。

3) 镜头控制

光圈和聚焦功能不用调，是自动的。变倍按钮是控制镜头的拉近或拉远。鼠标左键单击“+”表示拉近，“-”表示拉远。

4) 电源、红外灯、除尘、除霜

“电源”按钮是本教室控制摄像机的电源，一般都为“开”，“红外灯”、“除尘”、“除霜”按钮是用于户外的，不需要更改。

5) 锁定、示范(示范功能主要用于主控室，可以不掌握)

“锁定”是一个转换控制权限的开关，点击“锁定”后，只有本教室才能对摄像机进行控制，解锁后，其他微格教室的电脑便可控制本教室的摄像机，本教室则不能控制，表现为所有控制按钮灰化。

2. 微格录像及回放

利用云台控制软件把微格教室内的摄像机及镜头调好后，用录播软件录像和回放。

1) 启动软件及连接服务器

启动分控计算机上录播软件，弹出登录界面，直接点击“确定”，进入如图 2-12 所示界面。

图 2-12　录播软件主界面

点击“连接”按钮，弹出“启动连接”对话框，如图 2-13 所示，选择服务器 01 微格系统主控服务器，再选择需要操作录像的教室(图 2-13，选择 A331 教室)后，点击“确定”，便会出现该教室的视频画面。

连接后，软件界面左下角相对应的通道上排指示灯显绿色(指示灯显红色为未连接上)，同时主界面上出现本教室的图像，如图 2-14 所示。

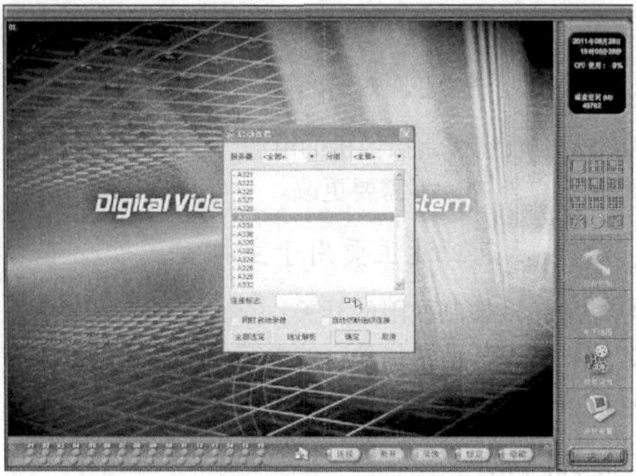

图 2-13　录播软件“启动连接”对话框

图 2-14　录播软件“连接成功”通道指示图

2) 在微格教室内录像

点击软件界面下边的“录像”按钮，相应通道数字下排的指示灯变绿色，此时开始录像。要停止录像时，只需再次点击“录像”按钮，停止后录像指示灯显灰色。

3) 在微格教室内视频回放

点击软件界面右边的“视频回放”按钮，弹出回放软件界面如图 2-15 所示，点击界面下边的“文件”按钮，弹出播放文件夹，根据录像的时间选择播放内容，双击即可。

也可在回放软件界面，在左边选择录像日期、录像通道（教室名）、要回放的视频文件后，点击下面的“启动播放”按钮。在播放过程中，还可根据实际需要，通过右边工具栏的按钮调整图像缩放、播放速率、音量等。

播放完毕后点击右下角的“关闭”回到主界面。如需关闭软件应再点击一下右下角的“关闭”按钮。

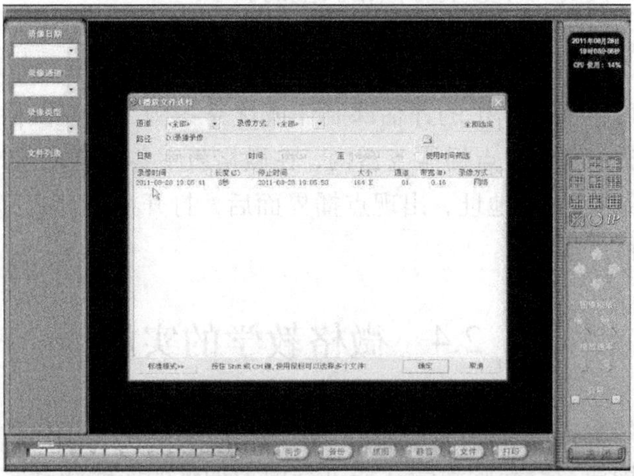

图 2-15　录播软件“播放文件选择”对话框

3. 教学评价

教学评价可以对教师、学生的多项授课能力评估打分，同时在服务器端自动生成评估报表，并可及时打印。评分共计 10 项，每项 10 分，满分 100 分，如图 2-16 所示。

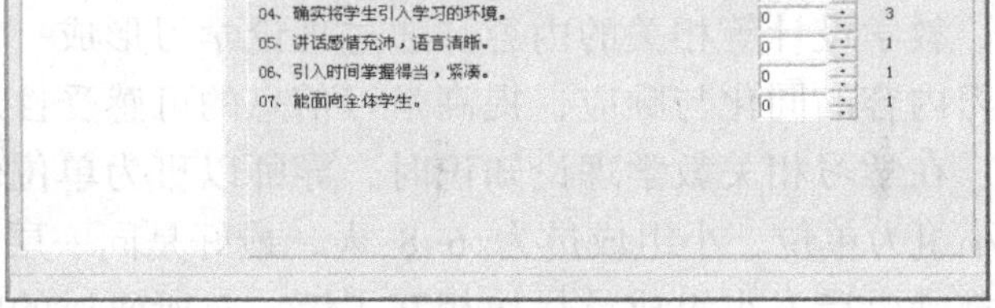

图 2-16　评课客户端

4. 教学观摩

在微格教室除了观看本教室的教学情况外，还可通过录播软件根据需要连接到其他各微格教室，对其教学情况进行现场直播、录像等，以满足远程听课、互相观摩教学的需要，同时可不影响各微格教室的教学。

5. 点播示范

指导教师可将优秀学生的评估课制作成优秀案例，供在微格教室电脑上点播观看。视频课件统一编排在点播服务器内，在微格教室各电脑的 IE 浏览器地址栏内直接输入点播服务器的 IP 地址，出现点播界面后，打开视频列表，然后选取自己所需的点播内容进行点播。

2.4 微格教学的实施

微格教学的实施过程是以现代学习理论、教学理论、现代教育技术理论以及系统科学理论为指导，对教师教学技能进行模拟训练的实践活动，它是一项细致的工作，要有效地提高教师的教学技能，关键是要紧紧抓好微格教学全过程所包含的学习相关知识、确定训练目标、观摩示范、分析与讨论、编写教案、角色扮演训练、评价反馈、修改教案等环节，各环节环环相扣、联系密切，在实践的具体课程中，可以根据受训者的实际情况，落实每一个实施步骤。

2.4.1 学习相关知识

在微格教学实践和发展过程中，融入了很多新的教育观念、教育思想和方法，如布鲁姆的“教育目标分类学”及“掌握学习法”，弗兰德斯的“师生相互作用分析”理论；具体实践中又有美国艾伦教授的“双循环式”和英国布朗教授的“单循环式”等。微格教学活动是一种全新的实践活动，有深刻的理论基础，学习和研究新的教学理论是十分必要的，在实施模拟教学之前应学习微格教学、教学目标、教学技能、教学设计等相关的内容。通过理论学习形成一定的认知结构，利于以后观察学习内容的同化与顺应，提高学习信息的可感受性及传输效率，以促进学习的迁移。在学习相关教学理论知识时，导师以班为单位作启发式报告，讨论和实践则以小组为单位，小组成员为 6~8 人，最好是同一层次的教师或师范专业学生。指导教师要启发小组成员尽快相互了解，对所研讨的问题有共同语言，互相成为“好朋友”。

2.4.2 确定训练目标

在进行微格教学之前，指导教师首先应该向受训者讲清楚本次教学技能训练的具体目标、要求，以及该教学技能的类型、作用、功能、典型事例运用的一般原则、使用方法及注意事项。

2.4.3 观摩示范

为了增强受训者对所培训技能的形象感知，需提供生动、形象和规范的微格教学示范片段或教师现场示范，如有可能，应配合声像资料提供相应的文字资料，以利于对教学技能有一个理性的把握。

(1) 针对性地选择教学示范录像片段。在选择示范录像时可以是优秀的典型，也可利用反面教材，但应以正面示范为主，一般要遵循两条原则：一是水平要高；二是针对性要强。示范的水平越高，受训者的起点就越高；针对性越强，该技能的展现就越具体、越典型。

(2) 有目的地观摩教学示范录像片段。在观看示范录像片段时，指导教师应根据实际情况，提出具体要求，明确目标、突出重点，给予必要的提示与指导。提示时要简明扼要，不可太频繁，以免影响学生观看和思考。

要注意培养受训者勤于观察、善于观察的能力以及吸收、消化他人教学经验的能力。观看录像后经过小组成员讨论分析，取得共识，这样受训者不仅获得了理论知识，也有了初步的感知。

2.4.4 分析与讨论

在观摩示范片段或教师的现场示范后，组织受训者进行课堂讨论，分析示范教学的成功之处及存在的问题，并就“假使我来教，该如何应用此教学技能”展开讨论。

(1) 谈观后感、找差距。各自谈观后感：哪些方面值得学习；对照录像，检查自己的教学与其存在哪些差距。师范生注重前者，在职教师注重后者。

(2) 集体讨论。重点交换各自的意见，在要学习的方面达成共识。指导教师也要参加讨论，重点指导。

(3) 要点模仿。示范的目的是使受训者模仿，许多复杂的社会行为，往往都能通过模仿获得。受训者在观看录像时，就已渗透着模仿的意义，这里提到的模仿，主要是在指导教师指导下进行重点模仿。此外，指导教师亲自示范或提供反面示范，对受训者理解教学技能也会起到十分重要的作用。

通过大家相互交流、沟通，集思广益，酝酿在这一课题教学中应用该教学技能的最佳方案，为下一步编写教案做准备。

2.4.5 编写教案

当被训练的教学技能和教学目标确定之后，受训者就要根据教学目标、教学内容、教学对象、教学条件进行教学设计，选择合适的教学媒体，编写详细的教案。教案中首先说明该教学技能应用的构想，还要注明教师的教学行为、时间分配及可能出现的学生学习行为及对策。

2.4.6 角色扮演训练

角色扮演是微格教学中的重要环节，是受训者训练教学技能的具体教学实践过程，即受训者自己走上讲台讲演，扮演教师，因此被称作“角色扮演”。在活动中每一个受训者都要扮演一个角色，进行模拟教学，改变了传统的教师讲、学生听的教学模式，给受训者以充分的实践机会，从而使教师职业技能训练走上一个新的台阶。

在角色扮演过程中，任何人不要打断“教学”，让“教师”去处理教学中的“麻烦”，技术人员在拍摄过程中，不能对“教师”提出约束条件。

培养教学技能，必须通过真实的练习与训练，否则就难以形成技能。微格教学中的角色扮演训练，给学生提供了上讲台的机会，使他们能把备课时的设想和对单项技能的理解，通过自己的实践表现出来，同时进行录像。师范生由原来的被动听课者，变为教学活动的参与者，充分发挥了学生的主体作用，体现了微格教学的优势。

在微格教学活动中，“教师”由受训者轮流担任，为营造出课堂气氛，由小组的其他成员充当“学生”，讲课时间视教学技能的要求而定，一般为 5~10 分钟，微格教学实践应该注意以下四个方面：

(1) 在角色扮演前，指导教师要向师范生说明有关角色扮演的规定，受训者要对本次授课作一简短说明，以明确教学技能目标，阐明自己的教学设计意图。

(2) 除了受训者和学生以外，减少模拟课堂上其他无关人员，这样当受训者面对摄像机镜头时，能减少紧张情绪。

(3) 扮演“教师”者要把自己当成一个“纯粹”的教师，要把自己置身于课堂教学的真实情景之中，一切按照教案有计划、有控制地进行教学实践活动，训练教学技能。

(4) 扮演“学生”者要充分表现学生的特点，自觉进入特定情景。有时也可以让组员扮演一位常答错题的学生，以培养受训者的应变能力。“学生”最好是受训者平时的好朋友，这样初登讲台的受训者能获得一种安全感。

2.4.7　评价反馈

评价反馈是微格教学中最重要的一步。在教学结束后，在评价反馈阶段，首先，受训者将自己的设计目标、主要教学方法和技能、教学过程等向小组成员介绍，然后组织重放教学实况录像或视频点播，由指导教师和全体成员共同观看。先由试讲人进行自我分析，检查实践过程是否达到了自己所设定的目标，是否掌握了所培训的教学技能，指出有待改进的地方，也就是“自我反馈”。然后指导教师和小组成员对其教学过程进行集体评议，找出不足之处，教师还可以对其需改进的问题进行示范，或再次观摩示范录像片段，以利于受训者进一步改进、提高。具体来讲，评价过程由以下三个环节构成。

1. 受训者自评

(1) 照镜子、找差距。由受训者分析技能应用的方式和效果，看是否达到预期的目标。

(2) 列出优缺点，肯定成绩，找出不足。如果受训者自己认为很糟糕、不满意，可以申请重新进行角色扮演和录像。指导教师可以根据条件和时间，决定是否重录，尽量不要挫伤受训学生的积极性。

2. 组织讨论、集体评价

(1) 评价时应以技能理论为指导，分析优缺点，进行定性评价。

(2) 根据量化评价表给出成绩，进行量化评价。

(3) 提出建设性意见，提出如何做可能会更好，在评价过程中，指导教师要注意引导，营造一种学术讨论的氛围。

3. 指导教师评价

受训者十分看重指导教师的评价，指导教师的意见举足轻重。因此，指导教师的评价应尽量做到客观、公正、全面、准确。对受训者的教学成绩和优点要讲足，缺点和不足要讲准、讲主要的。要特别注意保护受训者的自尊心和积极性，要以讨论者的身份出现。如果此次演练未达到预期的效果，可以进行第二轮训练。

2.4.8　修改教案、重复训练

评价反馈结束后，受训者根据自我分析和集体讨论评价所提出的问题修改方案，修改、完善教案，再次进行微格教学训练实践。在单项教学技能训练告一阶段后，要有计划地开展综合教学技能训练，时间长度为 40~45 分钟，要求教学目标清晰、适度、具体，教学方法得当、有效，时间分配科学，能合理反映各个技能的完整课，以帮助学生完整掌握课堂教学技能，实现各种教学技能的融会贯通，最终形成教学能力。

第 3 章　基本教学技能

微格教学其实就是针对单一教学技能训练的片段教学，为克服传统的以常规教学训练教学能力的笼统性及低效性，设法将复杂的教学过程分割出一项项教学技能，以对它们进行逐项训练，逐一保证过关。显然，微格教学的一个“技术前提”就是将教学行为分解为各项教学技能。

3.1　课堂教学技能概述

3.1.1　课堂教学技能的概念

在心理学上，技能是指顺利完成某种任务的一个行为活动方式或心智活动方式。技能分为动作技能和心智技能，两者都是通过练习获得的，在许多实际活动中它们常会结合起来，动作技能往往需要心智技能调节与控制。

课堂教学技能是指在课堂教学中，依据教学理论，运用专业知识，顺利完成教学任务的行为活动方式及心智活动方式。课堂教学技能有如下一些特性：

(1) 课堂教学技能是与完成某项课堂教学任务相联系的，离开课堂教学活动就无法谈论课堂教学技能。

(2) 课堂教学技能是一种行为方式，是可以表现出来的，因而也是可被观察记录到的。

(3) 课堂教学技能无论是行为技能还是心智技能或者两者的结合，均可通过科学的训练而获得提高。

3.1.2　课堂教学技能的分类原则

课堂教学过程是复杂的，课堂教学的组织是灵活多样的，而教师在教学中体现出来的能力则是多种因素结合的结果。这样，要将教学技能从课堂教学中抽取分化出来非常不易。根据不同的标准，所分出的教学技能自然也就不同。为使分类尽可能合理且有利于训练，课堂教学技能的分类应符合以下原则。

1. 实践性原则

分类后的各项教学技能必须具有实践意义，这些技能必须是影响课堂教学质量的主要因素。这些技能运用水平的高低直接对课堂教学效果产生影响。

2. 简约性原则

分类后的教学技能应是简单明了、让人一目了然的。如果过于纷繁复杂，让人摸不着头脑，那么教学技能分类也就失去了意义。

3. 可学性原则

分类后的教学技能必须是可学的，如果某些教学技能需苛刻条件乃至特定天赋才能掌握，或者极具个性色彩，只有少数人可把握，那么它们就不是我们倡导的教学技能了。

4. 可测性原则

分类后的教学技能应该是可观察、可测量的。我们所谓的教学技能即使不能全部加以量化，也必须是可看出有无、可分出高下的，这样训练才可能有反馈。

3.1.3　课堂教学技能的基本分类

由于社会文化、教育状况等方面的差异，所采用的标准不同，各国对教学技能的分类也有所不同，如美国斯坦福大学的爱伦早期模式中规定了 14 项基本教学技能，而澳大利亚悉尼大学提出的基本教学技能只有 6 项。在我国，以下两种分类法比较有代表性：

(1) 首都师范大学郭友在《教师教学技能》一书中将普通教学技能分为 10 项：①导入技能；②教学语言技能；③板书技能；④教态变化技能；⑤教学演示技能；⑥讲解技能；⑦提问技能；⑧反馈强化技能；⑨结束技能；⑩组织教学技能。其中前 6 项称为基本教学技能，后 4 项称为调控教学过程的技能。

(2) 荣静娴、钱舍编著的《微格教学与微格教研》一书则将普通课堂教学技能分为 11 项：①教学语言技能；②板书技能；③讲解技能；④教态变化技能；⑤演示技能；⑥提问技能；⑦导入技能；⑧强化技能；⑨组织教学技能；⑩试课技能；⑪结束技能。其中前 6 项称为基本教学技能，后 5 项称为调控教学过程的技能。

本书在借鉴前人研究的基础上亦将教学技能分为“基本教学技能”和“调控教学过程的技能”两大类。其中“基本教学技能”包含：①备课技能；②说课技能；③讲解技能；④教学语言技能；⑤板书技能；⑥计算机辅助教学技能；⑦评课技能。“调控教学过程的技能”包含：①导入技能；②提问技能；③教学组织技能；④变化技能；⑤结束技能；⑥强化技能。本章专门论述“基本教学技能”，下一章将专门论述“调控教学过程的技能”。

3.1.4　课堂教学技能的训练过程

课堂教学技能训练需要经历四个阶段：观摩示范阶段、教学设计与编写教案阶段、技能训练阶段和反馈评价阶段。

(1) 观摩示范阶段:观摩示范是对事实、观点、过程的一种形象化解释。被训练者通过观摩，从而知道这件事应该怎样去做。

(2) 教学设计与编写教案阶段:课堂教学设计就是运用系统的方法，对教学目标和学生进行分析、选择合适的媒体规划课堂教学的过程。在设计出具有个性的教学方案后，编写教案。

(3) 技能训练阶段：教学技能是一种复杂的技能，既涉及心智技能，又涉及动作技能。教学技能的训练在微格教学中是逐个分别进行的，当每一种技能都掌握了以后，再把它们综合起来，形成较为完善的课堂教学。

(4) 反馈评价阶段：微格教学采用现代视听设备为被培训者提供有关自己教学行为的即时反馈。

3.1.5　课堂教学技能的训练环境

微格教学系统环境，包括一定的应用环境和系统设备。应用环境主要是指微格教室，系统设备则是记录评价微格教学过程所需的设备。一套完整的微格实验室包括模拟教室、控制室、观摩室和准备间等。

3.2　备 课 技 能

3.2.1　备课技能的概念

备课是指教师在课堂教学之前，以学科课程标准要求、学科课程特点及学生特征等具体情况为依据，在理清为什么教、教什么、怎么教以及学生怎么学的基础上，创造性地对教学目标与内容、教学过程、方法规划与设计，最终形成教学方案的过程。备课分为个人备课和集体备课两种。个人备课是教师自己钻研学科课程标准和教材的活动。集体备课是由相同学科和相同年级的教师共同钻研教材，解决教材的重点、难点和教学方法等问题的活动。备课可分为宏观与微观两个层次的活动。宏观层面是要统观全局，从宏观上考虑制定学期(或学年)的教学工作计划；微观层面是要深入章节，从微观上考虑制定课时(或单元)教学计划方案(即教案)。

3.2.2 备课技能的功能

古语云："凡事预则立，不预则废"，教学亦然。备课是教学工作中的一项重要环节。上课之前备课是对教学系统地规划设计，对教学活动过程中"讲什么，如何讲，达到什么效果？"等核心问题的预先设计与安排，为上好课做各种各样的准备，是上好课的前提。对教师而言，备好课可以加强教学的计划性和针对性，有利于教师主导作用的充分发挥。教师只有对教材内容、教学对象、教学方法经过深思熟虑，了然于胸，才能把课讲得妙趣横生、引人入胜。备课是上课的重要前提条件，备课能够为提高教学质量提供基本保证，同时也是教师丰富专业知识与教学经验、提高业务能力与教学水平的重要途径。

3.2.3 备课技能的内容

备课不是"背课"，并不是将所要讲的内容背会即可。备课的含义远比背课要广泛得多、深刻得多。背课的内容主要包括备内容(备课程标准、备教材和备教参)、备学生、备方法。具体如下。

1. 备内容

1) 备课程标准

备课程标准就是以课程标准所规定的一门课程的性质、特点、功能和任务为总的指导思想，确保备课的基本方向和走向不偏离。课程标准是国家根据培养目标制定的指导性文件，是编写教科书和进行教学的基本依据，是检查教学质量的主要标尺。它规定了课程的性质、任务、目的、要求，确定了教学实施的原则、教学内容的安排、教学方法的指导及教学中应注意的问题和理论教学与实践教学的比例、实践教学的方式、课内与课外如何配合等，它对教学工作有直接指导意义。所以，学习、理解和熟悉课程标准是备课的基本内容。只有钻研课程标准，才能了解所授课程在本专业教学计划中的地位和作用，了解所教学科与其他学科之间的联系，弄清本课程的教学目的、任务、教材体系和"三基"内容及要求，掌握本课程内容的深度、广度及要点、重点、难点、疑点和弱点，从总体上明确在"加强基础、培养能力、发展智力、注重实践"上达到什么程度、合乎什么规格，考虑对知识、能力、思想等方面提出明确而恰当的要求。

2) 备教材

教材，包括教科书、参考资料、电化教材等，它是教学大纲的充实和展开，它反映了教学大纲的内容和要求，把学科的整体和各部分的教学目标反映得更加清晰；

有了教材，教师对教学大纲的精神更易领会，学生对教学内容更易掌握。备教材或钻研教材，可分为三步或者说三个层次。

第一个层次是熟悉教材要求。首先，通览教科书，熟悉其全部内容，包括编者意图、组织结构，同时，兼顾前后，了解与本学科有关的“已学教材”和“后续教材”的相应内容，即从教材体系上把握教学内容，弄清前后关系。然后，精通教科书，不仅要知其结构、系统、梗概，而且要对插图的构思、练习的安排了如指掌；不仅要对每一章节、单元，明其宗旨，知其特点，而且要对每一字句、每一概念，精通其文，搞懂其意，逐句“过堂”，多问几个为什么，即把教材内容搞深搞透。最后，不仅要掌握教材内容的系统性、科学性，而且要熟知教材内容的思想性、教育性，即从教书育人两个方面把握教材内容。

第二个层次是分析教材要求。首先，对章与章、节与节，都要弄清其本质联系，找出其内在规律。明确让学生掌握的基本知识、基本理论、基本技能，分清让学生掌握知识的三个不同要求：了解(对知识的含义有感性的、初步的认识，能知道“是什么”，并能在有关问题中识别它们)、理解 (对概念和规律——定律、定理、公式、法则等达到理性认识，能说清 “为什么”，以及与其他概念和规律之间的关系)、运用(在理解的基础上，能运用所学知识迅速、灵活地解决一些问题，即知晓“做什么”、“怎么做”，从而形成能力)。然后，找出哪些是重点章节和各章节(单元)的重点、难点、弱点，进而根据每章节(单元)的教学目的，确定每节(次)课的教学要求。最后，带着问题阅读有关参考书、资料、文献，增加知识的深广度，寻求问题的讲解角度。同时做到深入挖掘教材的科学性，考虑如何突出重点、攻克难点、杜绝弱点；挖掘教材的思想性，使思想教育寓于教材讲解之中；挖掘教材中有利于学生智力发展的潜在因素，使智力发展寓于知识传授之中；挖掘教材的趣味性，寓教于乐，使学生处于要学、爱学、好学之中；挖掘教材的实践性；考虑理论联系实际，使能力培养寓于知识运用之中。

第三个层次是处理教材要求。首先，按照教学目的，结合学生实际，恰当安排教学内容。先讲什么、后讲什么，哪些精讲、哪些简略，补充哪些、省略哪些，与已知有联系的部分怎样衔接、与其他学科相关的内容如何分工。然后，根据科技进步、社会发展，把教材中滞后内容、欠妥之处，不符合要求的地方及各地区、各行业、各专业要求掌握的侧重点，进行慎重而必要的调整、增添或删减；对必要的新思想、新观点、新技术、新工艺，要科学地结合，及时地反映。同时，也要防止盲目删减或不必要的“拔高”。亦即，应按照学生的认知过程，对教材进行科学的剪裁和恰当的调整，做到增删得当，详略适度，突出重点，把握关键，以形成一个崭新的、适宜的、完善的知识结构与体系。最后，根据教学目的和教学内容，设计教学程序，考虑相应方法，以使教材变为学生易懂、爱学的材料。

另外，还要善于使用教材。善于使用教材的标准：其一，能按教学大纲的要求选用知识系统、图文系统及作业系统三者俱佳的教材；其二，能将文字语言变为教学语言，使学生乐学、易学、爱学。为此，应以教科书为依据，既不摆脱教材，海阔天空、让学生理不出头绪；又不照本宣科，拘泥原文，使学生觉得索然无味。要恰到好处地运用教材，既注重科学性，对教材内容进行再创造；又追求艺术性，对教学方法进行再加工。既使教材更有系统性、针对性；又使讲解更加通俗化、趣味化，成为学生能够接受、乐于接受的内容。

3) 备教参

“给学生一杯水，教师需有一桶水”。教师要广泛阅读有关教学参考资料，开拓知识领域，掌握必要的新知识、新理论、新技术、新科学成就。教师知识丰富了，方能得心应手，讲解自如。在备教学参考资料时，要特别注意教材的“缝隙”，即潜伏在教材深处不易察觉的“隐蔽点”；要把握知识的“障碍点”、“闪光点”，这些内容往往隐藏着开发学生智力的“引爆点”，常常能发挥意外的作用。所以，第一，要注意教材的“缝隙”是哪些，在哪里，它们常常是一个词、一句话、一个标点、一幅简图或是一种构思、一种表现手法……第二，必须用心搜集、整理和运用资料，勤查工具书，多做资料卡，以丰富自己的知识仓库，建立一个与教材相关的“知识圈”。第三，须用心研究和分析学生的知识结构、学习志趣和思维方法，从中揣摩出学生可能出现的“意外发问”，做到知己知彼，方能“临阵不乱”。通过备内容，最终要做到：懂、透、化。所谓懂，就是对教材基本结构、基本思想、基本内容和基本概念都一清二楚；所谓透，就是对教材了解得详尽而深入，熟悉而精确，能理清纵横关系，掌握“字里字外”之意，融会贯通，运用自如；所谓化，就是教师的思想情感和教材的思想性、科学性融化在一起，这是备课的最高境界。

2. 备学生

在重视研究教材的同时，还要重视对学生的了解、分析和研究，这是教学取得成功必不可少的前提，也是备课的重要内容。一个班级的学生，其学习的水平和能力总是有差异的，要调动他们学习的积极性就需进行全面分析、正确对待。了解学生，就能防止因脱离实际、传授内容过深而使学生茫然不懂，或过浅而使学生索然无味；就能抓住学生心理，进行有针对性地讲解与训练，使教和学有机地结合起来；就能一把钥匙开一把锁，启发诱导，达到教书育人的目的；就能准确地把握难易与详略，恰当选用手段与方法。简要言之，了解其知识水平、接受能力，以贯彻量力性原则；了解其思维方式、困惑疑点，以实施针对性、启发式；了解其心理特点、个性差异，以有的放矢、因材施教；了解其思想情况，精神状态，以陶冶情操、启迪觉悟。那么对学生了解什么、怎样了解呢?

(1) 了解学生的年龄特征、个性差异、兴趣爱好、性格气质。

(2) 了解学生的思想情况、品德意志、学习态度、思维方式。

(3) 了解学生的知识水平和接受能力。即了解对所学知识与技能，哪些学生已经掌握，已能运用；哪些学生不甚理解，用不太好；哪些学生虽已领会，但不深刻而容易出错。

(4) 了解学生在学习上的疑点、难点及对教学的意见、建议。了解学生除课下调查、个别谈话，以及在劳动实习、课外活动中观察外，更多的是通过课堂提问、黑板演练、动手操作、测验考试、批改作业及分析试卷等多种渠道进行。有经验的教师还能从学生的眼神、表情及一些微小的动作等方面洞察其心理。教师要重视对学生的了解，且贯穿于教学始终，掌握其动态情况。在获得准确的大量信息之后，便可及时、恰当地设计或修订教学方案，确定分类指导的目标与措施，以便实施因材施教。备课时不仅要考虑对优、中、差不同层次的学生的不同要求，还应根据学生不同特点考虑如何进行个别指导。例如，对习惯于采取记忆方法学习的学生，要侧重于调动他们从不同角度理解知识的积极性，发展其思维的灵活性；对好动脑筋、理解能力较强的学生则应防止其忽视基础知识积累的倾向，引导他们运用基础知识，发展创造思维；对成绩较差的学生，视其实际，指导学法或思路，启迪智慧，让他们产生乐趣，奋发向上。

3. 备方法

备方法，就是在解决“教什么”的基础上，落实“怎么教”，即根据教学目的、教材内容和学生实际进行教法的设计、选定和加工。因为方法是集教师观念、知识、经验、能力、智慧之大成，最能体现教师的功底，所以说，它是备课中的高层次内容。备方法，实质是把教材个性、学生个性科学地组合并升华为一个大的个性化教学系统。其中也包括教师“备自身”，即教师本人对自己的教学才华作主动调整、积极挖掘，充分施展而进入角色。

备方法应包括根据学生的认识特点，考虑如何由浅入深、由近及远、从具体到抽象、从感性到理性，循序渐进地进行教学，怎样突出重点，分散难点，抓住关键，处理弱点；如何导入新课，讲授新课，复习巩固，课末小结；怎样引发兴趣，强化动机，吸引注意，启迪思索，鼓励创新；如何联系实际，使用什么仪器设备，采用哪些教学手段，进行什么演示和示范；安排哪些练习和作业及语言的组织，板书的设计，例题的筛选，教具的使用等。

备方法的要求有以下几点：一是灵活多样。根据青少年好奇求新的心理特征，教学方法必须因文而异，因人而异，富于变化，努力寻求适宜的新颖方法。尽力做到“堂堂有异，课课有别”，常教常新。例如，有时故布疑阵，以新奇吸引学生；有时绘声绘色，以形象感染学生；有时展示图物，以启迪学生展开想象的翅膀……总之，根据不同目的、不同内容、不同对象应有不同的教学方法，但都必须以启发式和注重培养能力作为指导思想，坚持精讲巧练，使学生学得生动活泼，切忌形成定势、千篇一律、一成不变。二是不仅要备教法，还要备学法，研究学生如何“学”，从“学”的角度研究教，以使学生能够“会学”。三是教师应有自己的教学风格，在教学实践中，要根据自己的特点“标新立异”、“独辟蹊径”、“别开天地”，创造出别具一格的教学方法……简而言之，要注重方法的优化，以使教得得心应手、轻松自如，学得情趣盎然、喜闻乐“受”，从而以最少的时间与精力获得最佳的教学效果。

3.2.4 备课技能的方法

备课的各种方法，各有千秋，各具特色。但应注意以下几点。

1. 集体备课与个人备课相结合，以个人备课为主

备课时，对于需要统一和明确的各章节、单元的目的、要求、重点等共性问题，同学科的教师可互相切磋，集思广益；但作为教师不能只依赖“集体备课”，必须是在个人认真准备的基础上进行集体研讨。而且，最后也应根据自身情况、班级特点，决定对共同研究成果的取舍和运用，并要显示出自己的特色。只有留下自己的汗水，变成自己的东西，用起来才能得心应手，讲起来才能生动活泼。

2. 一般备课与重点备课相结合，以重点备课为主

备课范围应广泛一些、全面一些，但要抓住重点。一是重点章节、单元、课时；二是主要概念、原理、规律。三是抓纲带目，备其“精华”、“精要”、“精辟”部分，以及“精练”语句。只有“点面结合”、“点面相映”、“轻重相宜”，才能取得良好的教学效果。

3. 单元备课与课时备课相结合，以课时备课为主

备课应将单元备课与课时备课结合起来，对每个单元的知识点进行合理的布局、分配，不能用同一模式处理不同的课时。备课应通览全部教材，注意其章节内部的系统性、因果性、关联性，同时注意与相关学科的联系，从而进行单元(章节)备课，进而进行课时备课，以使前后呼应，首尾相连，承前启后，左右配合。否则，“备一节，讲一节”、“讲哪节、备哪节”、“明天课，今天备”的孤立备课，教学效果势必不佳。

4. 集中备课与课前备课相结合，以课前备课为主

教师利用寒暑假时间集中、思考集中、大脑思维处于最佳状态的特点，提前备出一学期或几周的课是非常必要的。但上课前进行再备课，更不可少；如果说学期前备课是“粗备”，那么周前备课就是“细备”，而课前备课则属“精备”。课前备课包括重温教案(把教案当成“剧本”，在脑海里“预演”一遍，预测一下效果)、掌握动态、准备教具、考虑教法，以及充分估计课中可能出现的问题和采取的对策等。这样，一可弥补遗忘，二可增强记忆，三可相继调整已有教学方案，四可做好上课的心理与物质准备。

5. 编写教案与运用教案相结合，以运用教案为主

编写教案就是把备课中所研究的主要成果加以整理、概括、归纳，按照教学要求用文字书写出来。它记录了教师对教材的组织、安排和教学程序，以及教法设计、手段运用。这是课前准备的最后工序，也是教师业务基本功的集中体现，无论新教师还是老教师，对此都应做到一丝不苟。然而，在一般情况下，教案都是提前写成的，从某种意义上说，编是手段，用是目的。因此，在上课前还要熟记教案，以便更好地运用之，这是备课工序的最后一环，也是非常重要的一步。因课上情况多变，故在熟记教案的同时还应有各种思想准备，以便在上课过程中做到审时度势，随机应变，适应动态，灵活掌握。

6. 课前备课与课后备课相结合，以使备课更完善

所谓课后备课是指每讲完一节(次)课，要进行回顾、反思，做好小结。它是备课和教案的重要组成部分，因它在课堂教学实施之后进行，故称“课后备课”，即通过“教后记”对课前备课与课上实践进行总结经验，吸取教训，调整修改，充实提高，使备课—上课—再备课—再上课，循环往复，螺旋上升。

备课既要备在眼里、备在心中，又要备在口中、备在手上。它是教师创造性劳动的一个重要组成部分。虽说备课是艰苦的劳动过程，但其中也充满着艺术乐趣。当你在这项劳动中真正付出心血、流出汗水时，就会得到收益、获得成功、感到欣慰、乐趣无穷。

3.3　说 课 技 能

3.3.1　说课技能的概念

说课是教师在备课的基础上，面对评委或同行，系统地阐述自己针对教学中的

某一课题、观点或问题的教学设计及其理论依据的一种教研活动。说得简单点，说课其实就是说说你是怎么教的，你为什么要这样教。

3.3.2 说课技能的功能

1. 说课有利于提高教研活动的实效

以往的教研活动一般都停留在上几节课，再请几个人评评课。上课的教师处在一种完全被动的地位，听课的教师也不一定能理解授课教师的意图，导致了教研实效低下。通过说课，让授课教师说说自己教学的意图，说说自己处理教材的方法和目的，让听课教师更加明白应该怎样去教，为什么要这样教。从而使教研的主题更明确，重点更突出，提高教研活动的实效。另外，还可以通过对某一专题的说课，统一思想认识，探讨教学方法，提高教学效率。

2. 说课有利于提高教师备课的质量

教师在备课过程中如果只是简单地备怎样教，不去想为什么要这样备，备课缺乏理论依据，导致了备课质量不高。通过说课活动，可以引导教师去思考。思考为什么要这样教学，这就能从根本上提高教师备课的质量。

3. 说课有利于提高课堂教学的效率

教师通过说课，可以进一步明确教学的重点、难点，理清教学的思路。这样就可以克服教学中重点不突出，训练不到位等问题，提高课堂教学的效率。

4. 说课有利于提高教师的自身素质

一方面，说课要求教师具备一定的理论素养，这就促使教师不断地去学习教育教学的理论，提高自己的理论水平。另一方面，说课要求教师用语言把自己的教学思路及设想表达出来，这就在无形中提高了教师的组织能力和表达能力，提高了自身的素质。

3.3.3 说课技能的类型

说课的类型很多，根据不同的标准，有不同的分法。按学科分为语文说课、数学说课、音体美说课等；按用途分为示范说课、教研说课、考核说课等。但从整体来分，说课可以分成两大类：一类是实践型说课，一类是理论型说课。实践型说课就是指针对某一具体课题的说课。而理论型说课是指针对某一理论观点的说课。

3.3.4 说课技能的内容

说课主要应该有以下几个方面的内容。

1. 说教材

1) 说教学目标的确定

教学目标是教学设计时该课教学所要达到的目标，对课堂教学活动起宏观控制作用，也是教学后续评价的重要依据。说教学目标要：一说目标的完整性，一般应包括知识技能目标、过程方法目标和情感态度价值观三个方面的目标；二说目标的可行性，即教学目标要符合大纲的要求，切合学生实际；三说目标的可操作性，即目标要求要具体、明确，能直接用来指导、评价和检查该课的教学工作。

2) 说教材关键、教学重点、教学难点的确定及其依据

教材关键就是教材中的重点。它是教材内容表现出来的学科知识内在的联系或本质，是教材着力叙述的部分。其确定的依据主要是教材的前后联系与本课题的知识结构等。教学重点是教学过程中需要着力讲解或讲座的部分。其确定依据的解释要从教学目标、学生基础、年龄特征和心理特征等方面说明。有时教材关键就是教学重点，有时教材关键不一定是教学重点。教学难点的确定要从造成学生难懂的原因说明。学生难懂的原因，一种是教材内容较深或概念比较抽象；一种是学生缺乏这方面的感性认识或基础知识；一种是未能实现相邻学科知识的迁移。有时教学难点和教学重点重合，或教学难点发生在关键问题上，如教学难点属于教材内容的次要部分，则要说出教学时对教学难点的处理、时间的分配比例等。

下面是一位教师在初中化学《绪言》一课的说课内容：

《绪言》是学生首次接触的化学课，本课的学习将直接影响着学生学习化学的兴趣、态度、动机等学习内驱力的形成，因此本课教学重点之一是激发学生学习兴趣、形成良好的学习动机；物理变化与化学变化、物理性质和化学性质等概念是今后学习不可缺少的知识，它将直接影响元素、化合物的学习。特别是化学变化，它是化学研究的核心，贯穿化学学习全过程，因此这一内容是教学的又一个重点。此外，本节学习是在实验基础上进行的，实验是学习、研究化学的重要手段，而认真、有序地观察是实验的关键，因此借助实验培养学生实验观察的目的性、有序性是本节课的第三个重点。

由于学生刚刚接触化学，头脑中的感性材料积累是有限的，这就使概念的形成过程——由感性经验上升为理性认识的过程有障碍，要准确理解两种变化的区别、正确判断两种变化有一定的难度。所以，理解物理变化和化学变化的区别、准确判断某变化是物理变化还是化学变化成为本节教学的难点。

该案例不仅根据教材内容特点和价值准确定位了教学重点，而且根据学生经验水平分析了教学难点，因而成为说“教学重点难点”中较为成功的范例。

2. 说教学方法

1) 说教法组合及其依据

教法的组合，一是要考虑能否取得最佳效果，二是要考虑师生的劳动付出是否体现了最优化原则。一般一节课以一两种教学方法为主，穿插渗透其他教法。说教法组合的依据，要从教学目标、教材编排形式、学生知识基础与年龄特征、教师的自身特点以及学校设备条件等方面说明。

2) 说教学手段及其依据

教学手段是指教具的选择及其使用方法。要尽可能使用现代化的教学手段。教具的选择一忌多，使用过频，使课堂教学变成教具的展览；二忌教学手段过简，不能反映直观性的特点；三忌教学手段流于形式，对教学手段的依据，要联系教学目标、教材内容、学生的年龄特征、学校设备条件、主要教具的功能等方面作出解释。

3. 说学法与学情

学法就是学生学习基础知识与基本技能的方法。学法指导就是通过教学及教师引导，指导学生学会什么样的学习方法，培养哪种能力，达到怎样的学习效果。科学的学法指导，是智能发展目标得以实施的重要途径。学法指导的依据，可以从该课的知识培养目标、学生基础(包括知识基础与能力基础)与年龄特征、教法选择与教学手段等方面作出说明。

由于学习不仅受学生原有的知识基础和技能水平制约，而且还受学生的认知风格、能力状况和学习兴趣等影响。因此，一个好的说课方案，应尽可能从学生的“已知”、“未知”、“能知”、“想知”和“怎么知”五个方面综合分析学生情况，即学情，这些方面都是因材施教的基础。①学生的“已知”。这里的“已知”是指学生已经具备的、与本节内容相关的知识经验和能力水平等。明确这点很重要，它决定了教与学的起点。②学生的“未知”。“未知”是与“已知”相对而言的，它既包括通过学习应该达成的终极目标中所包含的未知知识与技能等，还包括实现终极目标之前的过程中所涉及学生尚不具备的知识与技能等。③学生的“能知”。“能知”就是通过这节课教学，学生能达到怎么样的目标要求。它决定学习终点(即学习目标)的定位。④学生的“想知”。所谓“想知”，是指除教学目标规定的要求外，学生还希望知道哪些目标以外的东西(注：在学生学习中，往往会通过提出疑问体现“想知”。当然，学生的“想知”可能会超出教学目标或学生的认知水平。如果真是如此，课堂教学可不予拓展，但建议给学生一个提示性的交待或利用课外时间作个别解答)。⑤学生的“怎么知”。“怎么知”反映学生是如何进行化学学习的，它体现了学生的认知风格、学习方法和学习习惯等。

下面是某老师在《硝酸的性质》说课中所描述的“学情”：

硝酸是氧化性的酸，既有酸性又有氧化性。学生在初中化学中已初步接触了硝酸，知道它是一种常见的酸、具有酸的性质。在《化学 1》的学习中，学生掌握了氧化还原反应的实质，知道物质的氧化性(或还原性)和构成物质中心元素的化合价有着密切的关系。这些知识为硝酸化学性质的学习奠定了基础。此外，经过前面章节的学习，学生已初步掌握“从物质类属和氧化还原反应的角度”和“通过实验探究”学习元素化合物知识的方法。因此，通过本课的教学，让学生掌握硝酸化学性质是完全能够实现的。当然，教材只介绍“硝酸发生氧化还原反应，其中+5 价的氮被还原”，并未分析为何不同浓度的硝酸与铜反应得到的还原产物不同、不同浓度的硝酸其氧化性存在差异等，这些内容将会成为学生的疑点。此外，由于受知识水平的限制，学生对教材中提到的硝酸“常用来制备染料、塑料、炸药”也会感到困惑。

该案例从知识基础、能力水平和学习方法等角度分析学生现有的学习状况，并对学习过程中可能出现的疑点(“想知”) 进行预测，较为深入、全面地分析了学生的学习情况，是一个较为成功的案例。

4. 说教学程序

1) 说教学思路的设计及其依据

教学思路主要包括各教学环节的时序安排及其内部结构，如课堂怎么开头？新授内容分几个段落？各段落的教学分别是先讲后读再练，还是先练后读再讲？如何使用相关直观教具？如何提问和组织讨论？各教学环节之间如何过渡？如何小结？最后怎样结束？整个教学思路要层次分明，富有启发性，能体现教师的主导作用和学生的主体作用。要逐点解释教学思路设计的依据。依据的解释要联系教法、学法、教学手段、学生的认识规律等方面加以说明。

2) 说各教学环节的时间分配，并联系实际教材内容、学生基础和教学方法等说出依据

对教学过程中复习、导入、讲解、练习和强化等各个环节所占的时间进行合理分配是顺利完成教学任务的前提条件。不同的内容与方法，在面对不同的学情时，

教学的各个环节的时间分配也不尽相同，因此需要结合具体的教学实际情况对各个教学环节的时间分配加以说明。

3) 说板书设计及其依据

说板书设计，主要介绍这堂课的板书的类型是纲目式、表解式还是图解式？什么时候板书？板书的具体内容是什么？板书的展现形式是什么？诸如此类的问题。板书设计要注意知识科学性、系统性与简洁性，文字要准确、简洁。说依据可联系教学内容、教学方法、教师本身特点等加以解释。

要说好一节课，教师必须具备一定的教学业务能力和教育理论素养。经常开展说课活动，可以在教师中形成钻研教学业务、学习教育理论的浓厚气氛，教师可以相互讨论评价，以达到共同提高的目的。评价的内容与标准，各地各学校可以根据自己的实际与需要确定。一般要从说教材、说教法、说教学程序与教育理论素养四个方面作出评价。

5. 说“教学反思”

在说课活动中，如何进行反思呢？这是一个值得深入探究的问题。一般说来，教学反思就是教师以研究者的心态或视角，审视自己教学实践的过程。它包括两个方面：教师对教学中的缺点和错误进行反省与批判；对教学中的优点和长处的肯定和坚持。所以，说课时说教学反思，无非是剖析自己在教材分析、学生分析，特别是教学设计等方面有哪些可取之处，以及存在的不足之处。具体包括以下几点。

1) 教学预设中的成功之处

例如，对教材分析和学生分析有哪些独到之处；根据学生学习情况，准备了哪些调控措施；怎样有效地激发学生学习兴趣；如何落实对学生学习结果的反馈与监控；在课程资源开发中有哪些过人之处等。

2) 教学预设中尚存在的不足或难以把握之处

具体包括：对教学目标的定位，特别是隐性目标(如过程与方法、情感态度与价值观等)存在哪些困惑；学情分析还有哪些难以把握的地方；教学设计中设计的活动中哪些可能无法达到预期的效果等。

下面这个案例，是某老师在《氧化还原反应》说课中的反思：

本节课教学，始于有关铁的腐蚀防护和应用，而终于涉及该问题的解决，较好地实现了新课导入和教学终结的呼应，体现了“基于问题解决”的教学模式，并最终实现了对初中化学知识的提升。教学时，无法对铁的冶炼反应归类的事实，必将打破学生原有的认知平衡。在此基础上，引导学生从新的视角分析、看待化学反应，有利于他们学习兴趣的激发。而对氧化还原反应概念的教学，从具体的化学反应入手，让学生感知不同反应中元素价态变化的差异，进而引导学生根据价态变化对化学反应分类，并归纳提炼出氧化还原反应的概念，然后安排练习训练，了解学生掌握情况。这样教学，符合“感知—辨认—概括—定义—迁移应用”的概念学习模式。此外，关于氧化还原反应的应用，并不是通过教师的讲授来实现的，而是让学生在问题解决中感悟、体验。

当然，在本设计中，有些问题还有值得思考的必要。例如，由于学生微观知识储备不够，通过阅读教材认识氧化还原反应的本质，这样的任务能否顺利达成；对于反应中氧化反应与还原反应之间的对立统一关系，仅仅通过“迁移应用”中的一个问题，是不是就可以合理建立等。如果这些教学目标无法顺利实现，在教学过程中还要做哪些知识铺垫？这都是值得研究的。

3.3.5 说课和讲课的差异

1) 说课与讲课要求不同

说课的重点在实施教学过程、完成教学任务、反馈教学信息，从而提高教学效果；而讲课要求必须有效地向学生传达知识。

2) 说课与讲课的对象不同

说课的对象是同行的教师、专家；而讲课的对象是学生。

3) 说课与讲课的内容不同

说课的内容是解说自己对某课题的理解、教学设想、方法、策略以及组织教学的理论依据等。而讲课的内容是对某课程的内容进行具体的分析，向学生传授知识以及学习的方法。

4) 说课与讲课的意义不同

说课的意义主要是提高课堂教学的效率以及教研活动的实效；讲课的意义是增加学生的语文知识以及提高语文修养。

更确切地说，说课是介于备课和上课之间的一种教学研究活动，对于备课是一种深化和检验，能使备课理性化，对于讲课是一种更为严密的科学准备。所以，说课是教师在备课的基础上，面对同行、专家，系统而概括地解说自己对具体课程的理解，阐述自己的教学观点，表述自己具体执教某课题的教学设想、方法、策略以及组织教学的理论依据等，然后由大家评说。

3.3.6 说课技能评价表

说课技能评价表如表 3-1 所示。

表 3-1 说课技能评价表

A 级指标	B 级指标	序号	具体评分指标和标准	权重	得分
说教材	教材简析	1	在认真阅读教材的基础上，说清教材在大纲、课程标准对本年级的要求，本课时教学内容在节、单元、年级乃至整套教材中的地位、作用和意义	5	
		2	说清教材的编写思路、结构特点	5	
		3	对教材内容作知识点分析，准确把握重点、难点。说清这些重点、难点是怎么提出来的，解决难点的关键是什么	5	
	教学目标	4	从识记、理解、掌握、应用四个层次上分析教学目标，分析教学目标从知识能力、过程方法、情感态度三个方面加以说清	8	
说学生	基础经验	5	说清学生学习新知识前他们所具有的知识经验，这种知识经验会对学习新知识产生什么样的影响	5	
	起点能力	6	说清学生掌握教学内容所必需具备的学习技巧以及是否具备学习新知识所必需掌握的技能和态度	5	
	差异分析	7	说清对学生年龄特点、身体和智力上的个别差异所形成的学习方式的分析和理解	5	
说教法	教法设计	8	说清选用什么样的教学方法以及采用这些教学方法的理论依据	8	
说程序	教材处理	9	说清对教材的理解和处理，如何针对学生实际组织教学的基本教学思想要说明白	7	
	教学环节	10	说清教学过程所设计的基本环节。具体内容只需概括介绍，只要听讲人能听清“教的是什么”、“怎样教的”就行	5	
	理论支撑	11	在介绍教学过程时不仅要讲教学内容的安排，还要讲清“为什么这样教”的理论依据(包括课程标准、教学依据、教育学和心理学依据等)	8	
	师生互动	12	说清怎样体现教师主导作用和学生主体活动和谐统一，教法与学法和谐统一，知识传授与智能开发和谐统一，德育和智育和谐统一	7	
	重点难点	13	说清在教学过程中，怎样突出重点和解决难点，解决难点运用什么办法	7	
	教学手段	14	说清采用哪些教学手段辅助教学，什么时候、什么地方用，这样做的道理是什么	5	

续表

A 级指标	B 级指标	序号	具体评分指标和标准	权重	得分
说板书	板书设计	15	说清板书设计的意图与作用	5	
基本素质	教师素质	16	普通话标准，表述清楚、有条理，能结合课堂教学实际分析教学预案达成度，分析教学得失，反思自己的教学行为	10	
合　计				100	

3.4　讲 解 技 能

3.4.1　讲解技能的概念

讲解技能是指教师运用教学语言，辅以各种教学媒体，引导学生理解教学内容并进行分析、综合、抽象、概括、形成概念，认识规律和掌握原理的教学行为方式。讲解包括讲述、解说和讲读。讲述侧重于讲，是教师运用叙述和描述的方法讲解事实的过程。解说侧重于解，是教师用阐述、说明的方式，对概念、规律、原理和法则进行解释和论证。这一方法在理科上用得较多。讲读侧重于读，是关于阅读教材和范文的阐述。

运用讲解技能的实质是通过语言对知识的剖析和揭示，剖析其组成要素和过程程序，揭示其内在联系，从而使学生把握其实质和规律。

3.4.2　讲解技能的功能

1. 传授知识

传授知识，是讲解最主要的作用。它主要是以教师讲、学生听的方式传递知识信息。教师在课堂上运用讲解的技能为学生描述课文的内容和相关的知识，揭示出作者的情感和表达的主旨，分析课后习题，说明问题的原因。教师用这种方式时，可以根据需要确定突出讲解的重点，更好地发挥教师的主动性。

2. 激发兴趣

教师的讲解，除传授知识外，还要有利于激发学生的学习的兴趣。学生学习的兴奋点是有限的，在长达 40 分钟的学习中，随着学习过程的推进，学生的精神逐步趋于疲惫，这个时候，学生最需要通过教师的激发保持学习兴趣。于是，教师生动、有趣的讲解就是良剂，它可以给学生注入兴奋的“活水”。只有这样，教师讲解中的科学观点、正确思想才能在学生的“乐学”之中潜移默化地影响学生，从而激发学生探索知识的无限潜能。

3. 启发思维

语文教学中，仅仅传授知识是不够的。在课堂教学中，启发学生的思维，让学生学会学习的方法才是最根本的。教师在设计所讲解的课文内容时，必须深入钻研教材和课程标准的相关要求，充分把握讲解的内容，同时教学中要做到“心中有人”，深入了解学生的各个方面，只有这样，才能在讲解的过程中做到有的放矢，引导学生学习，启发学生的思维，发展学生的智力。

由于讲解这一方式使用方便，传输信息的密度高、速度快，因此，这一技能在语文课堂教学中是广为使用的。要使用好讲解技能，最关键的是教师的语言。教师的语言必须清晰正确，并对课文内容的讲解达到深入浅出、通俗易懂、生动有趣，才能做到教师的讲解与学生的认知思维相配合。

但是，在讲解技能的使用过程中，最容易导致教师滔滔不绝、一讲到底，从而限制了学生的思维，使学生的思维养成惰性，过多地依赖教师，不利于培养学生独立思考的能力。同时，讲解也容易空洞乏味，难以吸引学生，影响教学效果。

3.4.3 讲解技能的分类

1. 解释式

在教学中，解释式讲解是指对知识的陈述、意义的交代、结构的显示、因果的揭示等。它比较适用于对具体的、事实的、陈述性的知识教学。

在语文教学中，常见的叙述故事情节、事件背景、人物性格、写作手法、历史事件、社会环境、作者简介、划分段落、古文翻译等都是使用这种解释式的讲解技能。

例如，一位教师在教授《故都的秋》一文时，由于教材对作者没有具体的解释，教师在课堂上作了如下的解释式讲解。

郁达夫(1896—1945 年)，原名郁文，浙江富阳人。1913 年 17 岁时到日本留学直至 1922 年，期间遭受种种歧视、冷遇以至屈辱，激发了强烈而深沉的爱国热情；1922 年回到上海，至 1933 年在上海从事进步文艺活动；1933 年，由于国民党白色恐怖的威胁，从上海迁居杭州，浪迹于山水之间，过着抑郁、寂寞而清闲的生活，1934 年 8 月写下了名篇《故都的秋》。

案例评析：这位教师的讲解，侧重于对作者的人生经历的阐述，目的就是想让学生理解作者在文章中流露出来的对故都的秋的感情，从而把握作者的写作缘由。

2. 描述式

描述式讲解是教学中运用于内容陈述、细节描述、形象分析等的讲解类型。在语文教学课堂中，我们经常用这种讲解方式刻画人物的外貌特征和情感，描述场景环境，介绍细节、情绪感觉等。

描述式讲解大多用于讲授具体知识，提供表象，基本上属于讲解的初级类型。描述式讲解要做到清晰有序地交代内容，详略分明，突出重点，语言形象，生动有趣。

一位教师在教授完汪曾祺的《胡同文化》后，作了这样的总结。

《胡同文化》犹如一杯陈年佳酿，使我们品尝到了原汁原味的旧北京建筑，了解了老北京市民的生活和心态，体味到了胡同文化的深刻内涵，并感受到了小品文的精美。今天，日益高楼化的群居引发你怎样的思考呢？胡同文化的真正含义是什么？胡同文化是一种传统的保守封闭文化。这种胡同式的文化思想即将随着商品经济的发展和改革大潮的涌起而日趋消失。如今，胡同的衰落导致了胡同文化的没落，高楼大厦代替了红墙碧瓦，一种新的文化、新的意识正在兴起，新北京正在崛起，北京在前进，中国也在前进！所以，让我们高兴地和胡同说再见吧。

案例评析：这位教师的描述式讲解，不仅是对这篇课文内容的概括和对作者在文中所持的观点的明确，而且也引发了学生对这一现象的思考和对类似的社会现象的思索。讲解语言明晰，富有哲理。

3. 原理中心式

原理中心式讲解常用于定义的界说、理念的论证、观点的归纳、思想的分析等内容。这是一种属于较高级别的讲解。

原理中心式讲解经常用叙述及议论的表达方式，一般结构模式为：导入→论证、推理→结论。其中，论证、推理环节是最关键的。在讲解的过程中，经常使用分析、比较、归纳、演绎、抽象、概括、综合等逻辑方法，注重论证说服的力度。同时，讲解要做到既有科学性，又有趣味性。

4. 问题中心式

问题中心式是以解答问题为中心的讲解，是在教学中常用于对学生进行能力训练、方法探究、答案求证的讲解方法。

其一般模式可以概括为：引出问题→明确目标→选择方法→解决问题→得出结果。问题可以从各种事实材料中引出；明确目标就是明确解决问题的具体要求；选择方法就是对各种方法、策略分析比较，定出最佳解题方法；解决问题要用证据、例证并运用逻辑思维方法论证，最后得出结果。问题中心式讲解适用于语文课堂教学中对重点、难点等的教学，通常配合提问、讨论等其他教学技能。例如，一位教师在教授王羲之的《兰亭集序》时，向学生提了这样一个问题：作者悲从何处来呢？最后，教师概括道：

其一，人生如白驹过隙，美好却短暂。一个人以自己的方式自由地生活着，好静者常在内室清谈佛老，好动者则喜爱纵情山水，遇上喜欢的事物就心满意足，因快乐而忘了忧愁，竟然“不知老之将至”。其二，来自生命本体的永不满足的内在欲望。当人们“欣于所遇”，便“快然自足”，但转眼之间，“所之既倦，情随事迁，感慨系之矣”。这就是说，人的欲望，人对美的感受都不是凝固不变的，得到的东西即使很好，很快也会厌倦，感慨也随之产生了。其三，“向之所欣，俯仰之间，已为陈迹”。时间快速流逝，事物的急剧变化，更显出生命的脆弱，所以“犹不能不以之兴怀”；更何况“修短随化，终期于尽”，人不能主宰自己的命运，生命最终要归于寂灭，这可以说是与生俱来的人生之大患啊！悲来自对生命有限性的深刻洞察和对时间的无情的恐惧。

案例评析：教师以问题为中心，引导学生对问题进行层层深入地了解，最终让学生能对问题有完整、深刻地理解。

5. 媒体介入式

在现代教育技术迅速发展的今天，语文课堂教学只是一种单纯的讲解显然已经远远落后，而教师们常用的是在讲解的过程中同时运用各种媒体进行辅佐，从而达到最好的教学效果。一位教师在讲授《故都的秋》时，分析完秋天的第一幅画面后，让学生自己分析第二、第三幅图画，就使用了这种方法。

(由于学生在与教师分析第一幅画时，已逐渐体会出故都之秋的清、静、悲凉是通过对景物进行一些细节描写和多角度描写体现出来的)学生听朗读画面二、三的录音，然后讨论描写是如何体现故都的秋的清、静、悲凉的。

学生分析后课件显示：

画面二：落蕊——铺得满地、无声无味，微细柔软(静)扫帚丝纹——细腻、清闲，落寞(清、静)(视觉、触觉)梧桐一叶而天下知秋——暮(秋之深——凉)

画面三：残声——衰弱、嘶叫、普遍(秋之广、悲凉)(听觉)

案例评析：在学生自我感知的基础上，教师的课件内容使学生对课文的认识从模糊、零乱变成清晰、具体。这样做不仅有利于学生在课堂上的自主学习活动，而且节约了时间，使课堂教学的容量变得更大。

3.4.4 讲解技能的运用原则

1. 学科性原则

每门学科都有自己的概念和理论体系，以此构成本学科的知识结构和学科系统。

学科概念和理论体系体现了学科的特点、规律和本质。学科性原则要求教师将本学科的专门用语作为讲解语言的基本成分，用学科的专业术语解析学科知识。教师的讲解语言一定要注意科学性、准确性。作为语文教师，我们在语文课堂教学中经常使用的术语（如记叙方法、说明方法、体裁、修辞方法等)充分体现了语文的学科性，作为一名语文教师，一定要对这些常用的专业术语进行正确地把握，并恰当地加以运用。

2. 科学性原则

科学性是学科知识最根本的特点。语文教学首先教给学生的就是语文学科的基础知识。作为语文教师，在课堂教学中用讲解的方式传授知识，要做到语言规范、准确，同时保证在对学生进行褒贬的过程中做到语言简明、得当。

3. 启发性原则

讲解的主要特点是教师运用口头语言作为传递知识信息的媒体。它很大程度上是通过教师讲、学生听的方式，向学生传递知识信息。教师易于自己控制信息内容，但也容易使学生处于被动接受的地位而丧失其他活动机会，若教师运用不得法，容易使学生产生疲劳感，影响学习效果。因此，教师要讲究语言艺术，注重情感，运用生动的例证启发学生的思维。

4. 适时点拨性原则

教师的讲解分析要注意学生理解问题的难易度。学生已知的知识，或学生已经学习过但有些遗忘的知识，教师必须把握一个度，必须做到“惜言如金”，给学生一个思索的空间，尽量让学生自己去思考。但对于新的知识，学生正处于一个这样的阶段：心中有些明白，但模模糊糊，无法明言，这时教师必须给予恰如其分的点拨，使学生拨开乌云，望见蓝天。孔子说的“不愤不启,不悱不发”，说的就是这个道理。

5. 阶段性讲解原则

在许多时候，教师在课堂上传授知识时，由于课堂时间有限，而教学内容又多，于是出现了在课堂上无法自律的“一言堂”现象。讲解技能的运用必须遵循“阶段性讲解的原则”。在整个教学过程中，讲解必须与学生的互动、探究等活动交互使用，并结合学生对重、难点知识的理解，准确出击，才能收到良好的效果。

6. 适时反馈、调控原则

在教学中，由于讲解是一种单向的信息传播，且在传播的过程中，语音信息不像录制好的磁带一样，可以反复地播放，它是转瞬即逝的。这势必给学生的课堂学习带来不良的影响，例如，教师的话没有听清，传达的重点没有完整记下等。鉴于此，教师在运用讲解技能的过程中，必须调控，并及时地加以反馈，以便及时地检验学生对所讲授的知识是否有了完整地了解和正确地识记。

3.4.5 讲解技能评价表

讲解技能评价表如表 3-2 所示。

表 3-2 讲解技能评价表

评价项目	好	中	差	权重
1. 讲解传授的知识信息与本课题内容密切联系				0.15
2. 描述、分析概念清楚				0.10
3. 能创设情景，激起学生兴趣				0.10
4. 能启发学生思考，培养思维能力				0.10
5. 采用相关的例子，类比等变化方法				0.10
6. 讲解内容、方法与学生认知水平相当				0.10
7. 声音清晰，语速适中，有感染力				0.10
8. 讲解用词语规范化，科学化				0.10
9. 与其他技能配合，能与学生呼应				0.10
10. 注意来自学生的反馈，并及时反应调整				0.05
总体评价：				

3.5 教学语言技能

3.5.1 教学语言技能的概念

教学语言是教学信息的载体，是教师完成教学任务的主要工具。教师的教学语言水平是影响学生学习水平和学习能力的重要因素，在引导学生学习，启发学生思维，实现教学目标等方面具有重要作用。

教师在课堂上用来阐明教材，传授知识、组织练习，不断激发学生积极的学习情绪，以完成教学任务所运用的语言，就称为教学语言。教师的语言修养在极大的程度上决定着学生在课堂上的脑力劳动效率。我们深信，高度的语言修养是合理利用时间的重要条件。教师的语言表达形式是多种多样的，包括课堂口语、书面语言、体态语言。课堂口语是课堂教学中语言表达的主要形式。

3.5.2 教学语言技能的功能

教师的教学语言技能，是影响学生学习质量和智力素质的直接的重要因素，是课堂教学高效的关键。教师应当对教学语言技能的功能给予充分认识，并在课堂教学中加以重视。

1. 保证准确、清晰地传递教学信息，以完成教学任务

语言是信息载体，是最直接的交流工具。条理清楚、出口成章、针对性强、言简意赅、用语严谨的教学语言，学生愿听、爱听，感到真切和动听，这就必然会有利于学生接受各种知识与技能。

2. 使学生逐步形成各学科语言

各学科自身的语言具有独立性，具有自成体系的概念、符号、公式等。各科教师运用的课堂语言，对学生逐步形成各学科语言起到至关重要的作用。学生知识表面化的根源，往往是在学科语言的学习中，语义处理和句法处理之间配合不当。形式与内容的脱节，实质上就是学科语言符号、公式和它们所表示的东西脱节。

3. 促进学生的智力发展与能力提高

形象、生动，具有启发性的教学语言，能使学生的智力得以发展，能力得到培养。高效率的说明、讲述、推理与论证，要求听讲的学生思维敏捷、有预见性。在听的过程中，学生的辨析能力、记忆能力、想象能力都会得到锻炼。教师运用完美的教学语言创设的愉快和谐、启迪智慧、积极紧张的良好教学氛围在课堂教学过程中能促进学生各种心理品质，如情绪、情感、兴趣、爱好、意志、行为习惯等的发展。

4. 促进教师思维品质的发展

语言信息是思维的原料，思维的过程就是信息加工的过程。语言越丰富，思维加工也越有效。通过教学语言技能的训练，教师能增加教学语言的储备，锻炼快速选词组句的能力，也会加速对思维的敏捷性与准确性的培养。语言还是表达思想情感的工具，教师正是运用语言要素，组成话语表情达意，让学生理解这种思想；同时，教学语言也是教师思想的反馈，有了这种反馈，才有助于修正、补充教师的思想。语言和思维就是这样一种辩证的关系：语言能力的提高，有助于思维品质的发展；反之，思维品质的提高，又有助于运用语言能力的发展。因此，教学语言技能的训练是对教师的一种极好的思维训练。

3.5.3　教学语言技能的构成与要求

教学语言技能由基本语言技能和特殊语言技能两个方面构成。

1. 基本语言技能

基本语言技能是指在社会交际中，人人都必须具备的语言技能。它包括以下诸要素。

1) 语音和吐字及要求

语音是语言的物质材料。有了语音这一载体，才使得表达信息的符号——语言能以声音的形式发出和被感知。在教学中要求教师所发出的语音必须规范准确，要用普通话语音讲话，避免使用方言而造成交流障碍。教师必须在职前坚持训练普通话，在职后坚持讲普通话。

另外，要求教师的吐字清晰准确，让学生听起来清清楚楚，明明白白。人们形容吐字不清是“嘴里像含个热饺子”，使人听不清楚。造成吐字不够准确的主要原因是发音器官(唇、齿、舌)在发相应的字音时位置不到位。只要有意识地加以矫正，并且经常练习，养成习惯，这种问题是完全可以解决的。

2) 音量和语速及要求

音量是指声音的大小。声音小听不清楚，声音过大没必要，使人听起来不舒服。音量应控制在教室安静的情况下最后一排也能听清楚。音量大小和气息控制有关。要达到一定的音量，要注意深呼吸；要注意有控制地用气。注意音量的保持，避免听清前半句，听不清后半句。要把每一句的最后一个字都清清楚楚地送进学生的耳朵。

语速是指讲话的速度。耳朵有一定的承受力，超载就听不清。教师的语速一般应以每分钟 200~250 字为宜。教师的语速不可与播音员相比，要低于播音员的语速，便于学生在接收到教师的话语之后留有足够的反应时间进行思考。否则，过快会使学生思维跟不上教师讲解，过慢会给学生留有思维富余而导致注意力不集中或懒散。

3) 语调和节奏及要求

语调是指讲话时声音的高低升降的变化。适度的语调，可以加强口语表达的生动性。教师上课时的语调对学生的影响很大。如果教师上课充分把握语调的变换，使教学语言呈现抑扬顿挫，则会充分吸引学生的注意力，同时也增强了语言的感染力、学生听起来会更加卖力、更加愉悦；反之，如果教师上课总是延续一个语调，没有任何变化和感染力，学生听久之后就会丧失注意力而思想开小差，严重的还会变成“催眠曲”使学生昏昏欲睡。课堂语言技能要求教师能掌握高亢调、沉重调、短促调、重音调等“调式”，进行朗读与讲述。

节奏是指讲话时的快慢变化。它和语速有联系但不是一回事，每个字音时间长短并不一样，在句中与句间，停顿也是长短不一，这种不一就是节奏。善于调节音程徐疾变化，该用慢速的用慢速，该用快速的用快速，形成和谐的节奏，同样可以加强口语表达的生动性。

4) 词汇及要求

没有词就没有语言。教师只有具备了一定数量的词汇才能够正确、熟练地运用于口头表达中，才能具有一定的口语技能。在课堂口语中，对词汇的要求是：

规范：要用普通话的词汇。方言词语在课堂交流中有很大的障碍，尽量避免土话以及流行语等，也避免教师自己造词。

准确：表达意思客观准确，不引起歧义。

生动：注意用词的形象性、可感性，注意词的感情色彩，能启发想象、联想、激发人的感情。

5) 语法及要求

要注意符合语法，否则让人听不懂或费解。还要注意合乎逻辑规律。

2. 特殊语言技能

特殊语言技能是指在特定的交流中形成的语言技能。教师的课堂口语技能是在课堂教学的特殊环境中形成的。在课堂上，教师要从一定的教学目的、教学内容、教学对象出发组织自己的语言，这就形成了课堂口语的特殊结构。

课堂口语是由以下三个要素(阶段)构成的。

1) 引入

教师用不同方式，使学生对所学内容做好心理准备，又有如下若干细节：①界限标志。指明一个新话题或新要求的开始。②点题、集中。指明新话题或新要求的目的。③指名。指定学生作答。

2) 介入

教师用不同方式、鼓励、诱发、提示学生做出正确回答，或正确执行教师的要求，又分为：①提示。为使学生做出正确回答，教师可向学生提供一些知识，或进行一些行为暗示。②重复。对学生的回答作重复，目的是引起全体学生的重视以作出判断。③追问。教师根据学生的答案(不完全正确或完全错误)提出问题，以引发思考，得出正确的回答。

3) 评核

教师用不同的方式处理学生的回答。在“评核”这个要素中，又有如下若干细节：①评价。对学生的回答加以分析，加以评论。②重复。教师重复学生的答案，以引起重视。③更正：学生的答案依然不正确，教师予以分析、更正，并给出正确答案。④追问：教师根据学生的答案(不完全正确或完全正确)继续提出问题，以引起学生深入而广泛的思考。⑤扩展、延伸：在已经得到正确回答的基础上，联系其他有关资料作分析，使学生对问题的认识更深入、更广泛。

3.5.4 灵活运用教学语言技能的类型

根据教学过程所采用的语言表达方式或程序，常见的教学语言技能有下列几种类型。

1. 说明法

说明即明确对象，简介某概念、含义或知识间的关系；把某问题的内容、因果关系解释清楚。此法又可细分为注释说明，结构、程序说明，逻辑说明，分类说明，举例说明，图表说明以及附加说明等。在语言表达中经常使用："它的意思是"、"我们可以把它理解为"、"它的理由是"等。说明法，一般适用于初级的、具体的、事实性的知识；有时用于抽象逻辑推理前的必要的知识储备。

2. 论证法

论证即运用论据(事实、数据、定理和定义等)证明论题的真实性的论述过程。此法又可细分为归纳论证与演绎论证。常用"由于"、"因为"、"根据"等词关联，而在论题(或论点)的前面常使用"所以"、"因此"、"总之"等词汇。

3. 推导法

推导即根据已知的公理、定义、定理，经过演算和逻辑推理而得出新的结论的过程。常在已有的知识的前面使用"由于"、"因为"、"根据"，而在新的知识的前面使用"因此"、"所以"等。

4. 比较法

比较是确定被比较概念间的异同点。通过比较，可以从共性中寻求规律性，从差异中探求各自的特殊性。

5. 借助法

借助即在教学过程中，用学生熟悉的事物、生动的语句促进理解和证明。常见的有：①比喻法。这是变抽象为具体，变深奥为浅显的方法。②拟人法。例如，用拟人法比喻高炉的构造。高炉自上至下各部位的名称是炉喉、炉身、炉腰、炉腹和炉缸。

6. 联系法

联系法即按知识的内在规律，采用由此及彼的连接表述方法。例如，以旧引新、理论联系实际、结构决定性质、性质决定用途、前因后果、宏微结合、以古鉴今以及透过现象揭示本质等。

对于上述教学语言技能的类型，应根据教学内容与学生实际灵活运用，以增强教学效果。

3.5.5　课堂教学语言应用原则

1. 课堂教学语言的科学性

教学语言的科学性主要表现在：①准确。即确切地按照学科的要求表述概念、原理、定律等，而不是错误的或含混不清的表述。②规范。即无论书面语言还是口头语言，都要符合现代汉语的规范，如发音要标准，吐字要清楚，遣词造句要讲究语法，叙述事理要符合逻辑，这些都是语言规范的表现。不规范的语言是谈不上科学性的。

在教学中要求教师教学语言的科学性是教学语言的最基本要求。确切运用学科术语才能保证教学内容的科学性。教学语言的科学性还要求注意叙述所学知识的准确性。有的数学教师不能很准确地应用特定概念，将自己所画的“线”一会儿表述为“线段”，过一会儿又表述为“直线”，将一些重要的概念混为一谈，忽略词汇中的重要差异。这些问题应当尽可能地加以避免。例如，在生物课堂上，有的教师对“呼吸作用”和“呼吸运动”不加区别，把“盲肠”和“阑尾”不加区别，把“神经中枢”和“中枢神经”不加区别等，这样就会传授错误的知识，混淆学生的思维。例如，在天文学中，称地球的唯一天体卫星为“月球”，而不是在文学描写中的“月亮”。

2. 课堂教学语言的启发性

《学记》中提到：“道而弗牵，强而弗抑，开而弗达。道而弗牵则和，强而弗抑则易，开而弗达则思。”又说：“语比物连类，引而不发，跃如也。”意思是说，引导学生而不是牵着学生鼻子走，勉励学生而不是强迫学生前进，启发学生而不是代替学生思考或得出结论，这样才能使学生好学、易学和善思。教师要善于与同类事物相比，使之举一反三，触类旁通。教人射箭，只是张着弓，作出要射的样子，却并不把箭射出去。到了适当的程度，学生自然而然地就会跟着射起来。可见，在教学过程中，自古以来就重视研究教和学这两个最活跃的因素。苏霍姆林斯基也指出：“在学生的脑力劳动中，摆在第一位的并不是背书，不是记住别人的思想，而是让学生本人进行思考……”。“教”是教学过程中的外因，“学生”是教学过程中的内因，外因只有通过内因才能起作用。富启发性的教学能紧紧抓住学生的思维，使学生由“存疑”到“思疑”到“解疑”，不仅传授了知识，也培养了能力。

有的教师在讲授“果实的发育”知识时，并不照教材上的顺序先讲有的子房内只有一个胚珠，有的子房内有若干个胚珠，然后再讲子房的各个部分如何发育成果实的各个部分等知识。而是先讲子房内一个胚珠，子房及胚珠如何发育成果实。然后提问，“同学们吃过的各种果实是不是只有一个种子？”当学生回答有的是一个种子，有的是多个种子时，教师又问，“为什么有的果实会有很多种子呢？”学生就会积极思维，热烈探讨，最终得出果实中多个种子是由子房中多个胚珠造成的结论。这种通过教师启发引导学生自己得出结论的方法比教师平铺直叙、直截了当地告诉学生全部知识要好得多。

3. 课堂教学语言的教育性

课堂教学语言的教育性主要体现在语言的思想性方面。课堂教学的过程就是师生感情交流的过程。教学语言的思想性不是强加在语言的表面上，而是体现在真情流露。白居易说：“感人心者。莫先乎情、莫始乎言、莫切乎声、莫深乎义。”富有教学经验的教师都非常重视教学语言的感情交流性，使教学语言“言为心声、声情并茂”，体现出教师爱的精神力量和个人魅力。当然，教师自身思想素质的提高是教学语言思想性的基础。

其次，课堂教学语言的教育性还体现在语言的简洁性方面。一节课时间有限，教师不应拖堂，不可占用学生的下课休息时间，因此，为了完成每节课既定的教学内容，教学语言必须简明。简明的语言话虽不多但却能使人一听即明。

4. 课堂教学语言的艺术性

课堂教学语言的艺术性主要体现在讲课的声音技巧上。首先，教学语言应该用普通话。其次，讲课和平时的交流不同，要求音量达到全班学生都能听见的程度，同时，音调、频率应该有变化。音调太高刺耳；音调频率平板无变化，容易使学生昏昏欲睡；频率太快，学生的思维跟不上教师；频率太慢，又使学生思维抑制、思想涣散。再次，教学语言应该吐字清楚，讲话囫囵吞枣，或有字头无字尾，或有字尾无字头等现象应予克服。有经验的教师认为，要像演员一样练练绕口令，锻炼唇、齿、舌的活动功能，久而久之就可以达到“字正腔圆”的地步。有的教师认为，圆润动听的声音是胸腔、口腔、头腔、鼻腔共同调节发出的。如果偏重用胸腔，声音低沉；偏重用头腔，声音漂浮；偏重用鼻腔，声音晦涩；而如果只用口腔，声音干燥。当我们大声说话时，应该胸部放松端正，口腔张圆，使声音达到口腔上部的中间，鼻孔微微张开，感觉声音集中在一个点上。这样发出的声音才动听、响亮。

3.5.6　课堂教学体态语言及应用

俄国教育家乌申斯基说过，"教态对儿童心灵是一股非常有益的阳光，而这种阳光是没有任何东西可以代替的。"他强调了教态对于教学具有非常重要的意义。教态是教师给学生第一印象的重要"亮相"，教师在课堂上的一举手、一投足、一个表情、一句话，均对学生产生影响。美的教态能够以美感人，以情动人，并激励学生出于内心的愿望和要求加以接受，对其整个身心的发展起着催化的作用。教师体态语言作为一种传递信息的重要工具，是可以起到"此时无声胜有声"的效果的。

作为一种教师教学语言，教师的体态语言多种多样，主要有姿态、手势、面部表情等几种。下面主要介绍这几种体态语言及应用原则。

1. 姿势

在课堂教学中，教师的站姿稳重大方，能给学生以美的享受，使学生对教师产生一种敬佩感，从而为更好地增进师生感情交流奠定基础。俗话说"站有站相，坐有坐相"。教师上课时应身体正直、挺拔、自然、轻松、收腹，给学生以自信和有力的印象。教师在课堂上双手插在口袋里，用手撑腰，趴在讲台上，站立时抖动腿，都属于没有站相。男教师坐时可以双膝稍分开，而女教师却不可。其他如注意讲话的声音不要过响；不要吐沫横飞；不要吸"走烟"；不要在学生面前化妆等。

教师站的位置适当，学生就能看得准、看得清。当教师经常使用一些教具、挂图等辅助教学手段时，若在学生中间踱来踱去，或在板书时要走向黑板，使用教具时也要站在讲台上，这样就比较浪费时间，也扰乱了学生的视线。所以，从提高讲课效率来看，教师应该站在适当的位置。同时，教师也要面对着学生。这个姿势可以说明教师准备充足，有信心、有能力上好这堂课。人际间的距离也是一种体态语言。在课堂教学中，教师所处的位置不同，与学生距离远近不一，也会给学生不同的心理感受，产生不同的教学效果。一般来说，当教师站在 2~3.5 米的地方时，就会产生控制效应。一般情况下，教师用眼神、手势、表情等体态语言配合教学，就能达到控制全班的作用。如果有个别学生上课不专心，教师可以走到这些学生附近，对他们产生控制效应，即使不说一句话，也可以达到维持正常秩序的作用。

2. 手势

手势在体态语言的运用中具有特殊的功效。在课堂教学中，准确运用手势可以帮助传达思想、交流感情，增强说服力和感染力。教师在课堂教学的运用中，应根据实际情况，运用不同的手势，达到吸引学生注意力，帮助说明教学内容的效果。在教授小学语文课堂教学过程中，手势的运用显得尤为重要。教师的手势可以帮学生更好地理解所学单词、句子的意思。

手势分为“无意识手势”和“有意识手势”两种。教师在课堂上经常无意识地理头发，摸鼻子，推眼镜，用手指蘸舌头翻书页等都属于前一种手势，结果是大大转移了学生的注意力，学生一下课就会报告“老师在这堂课上推了 50 次眼镜”。教师应当尽量减少无意识手势。教师使用最频繁的恐怕是指示性手势了，指示黑板上的字或墙上的挂图，指示性手势能有效地调动学生的注意力。其次是描绘性手势，主要是对物体形状或空间关系的描绘，这就需要比比划划。再就是启示性手势，这也是一种调动学生注意力、控制课堂气氛的手势。比如，教师在讲课时常常挥动手臂，讲到兴奋处常常将手扬起或挥动。启示性手势是教师展示个性，最具魅力之处。毛泽东同志向人民致意常常是将手长时间地高高扬起；周恩来同志用他那曾经摔伤过微微弯曲的手臂在胸前小幅度地晃动，给人留下了深刻的印象；江泽民同志向群众招手时，手心向外，五指分开，轻轻晃动，很显亲切。记得曾经看过描述毛泽东同志赴重庆谈判在延安机场登上飞机向送行人告别的一幕，文章的题目就叫“挥手之间”：毛泽东同志将手中的帽子慢慢地举起，在空中停留了许久，然后猛然一挥……多少年之后，当时在场的人都忘不了这一举动。它表达了毛泽东同志置个人安危于度外，肩负民族重任，义无反顾的决心。教师设计好自己的启示性手势，确实是展示个人独特魅力的一着。

另外，教师还需要明白一些基本的手势语言所表达出的含义。比如，手心向上表示风趣幽默、直率坦诚、积极、奉献、许诺；手心向下表示否定、抑制、反对；两手叠加表示团结一致、联合、一事依赖于另一事或是命运相关、休戚与共；两手分开表示分离、失散、消极；手心向外的竖式手势可表示分隔、对抗、不相容、矛盾或互不同意的观点；握紧拳头表示挑战、精诚团结、一致对外、警告；称赞夸耀人时用拇指，轻视挖苦人时用小指，食指可以用来指明事物和方向，整个手指可列举事物种类，说明先后顺序等。

3. 面部表情

人的面部表情是一种特殊的信息，是人的表情中最迅速而又丰富的情绪表达。在教学过程中，教师能够随着教材内容的变化，面部表情时悲时喜，时怒时乐，学生也会受到感染，渐入佳境，展开感情的翅膀，翱翔在知识的太空。教师常常用微微一笑，轻轻点头表示对学生的赞许，会使学生感到欣慰；学生答错了题，教师面含微笑地予以纠正，示意坐下，学生同样会感到教师所给予的安慰和鼓励；对违反了课堂纪律的学生，教师的微笑也会使他意识到这是善意的批评，比严厉的斥责效果要好得多。

相反，教师也可以从学生面部表情的细微变化中直接获取教学活动中反馈的种种信息，从而判断学生的心理状态和情绪体验、对教学内容的感知、理解的程度，及时调整自己的教学内容和教学方法。

1) 微笑

微笑的表情是调节人际关系的有力工具。有一种语言是世界通用的，那就是微笑，当你不知道如何展开话题时，微笑是最好的交流开端。微笑是一种令人感觉愉快的面部表情，它可以缩短人与人之间的心理距离，为深入沟通与交往创造温馨和谐的氛围。因此，有人把微笑比作人际交往的润滑剂。展露亲切微笑，能活跃课堂气氛。整堂课，教师应该始终向学生展露出亲切的微笑，这对于学生，尤其是刚组建的班级的学生是极为重要的。当学生觉得一位教师可亲时，他自然会怀着一种轻松好奇的心态去接近这位教师所教授的课程。微笑是拉近师生间距离的一种有效途径。微笑也是一种自我心态调节的有效手段。因此，在上课之前，优秀的教师总会对学生说一句："展示你的笑脸"。当学生们展露出微笑时，她们的潜意识便会以一种轻松积极的态度去面对将要上的课，这正是一堂成功的课中学生所需的心理基础。教师用和蔼的微笑做引导，至少有以下几个方面的作用：

(1) 表现心境良好。面露平和欢愉的微笑，说明心情愉快，充实满足，乐观向上，善待人生，这样的教师才会产生吸引学生的魅力。

(2) 表现充满自信。面带微笑，表明对自己的能力有充分的信心，以自信的态度与学生交往，使学生产生信任感，容易被学生真正地接受。

(3) 表现真诚友善。微笑反映自己心底坦荡，善良友好，待人真心实意，而非虚情假意，使学生在与其交往中自然放松，不知不觉地缩短了心理距离。

(4) 表现乐业敬业。教师在讲台上保持微笑，说明热爱本职工作，热心于教育事业。在教室里，微笑可以创造一种和谐融洽的气氛，让全体学生倍感愉快和温暖。

2) 眼神

眼神是在交际中通过视线接触所传递的信息，也称"目光"。眼睛素来被誉称"心灵的窗口"，人们心灵深处的东西都可以通过这个"窗口"折射出来。目光语较之其他体态语，是一种更复杂、更深刻、更微妙、更富有表现力的语言。有人曾形象地说："组织课堂教学，第一流的教师用眼神，第二流的教师用语言，第三流的教师施以惩罚。"这可谓道出了个中之精要。讲课，既要学生听，又要学生看。有经验的教师讲课不是对着学生的耳朵说话，而是对着学生的眼睛说话，授课中，教师总是会运用自己的眼睛，去帮助传授信息，表达自己的思想内涵和感情，并善于洞悉，审视学生的眼神，及时捕捉反馈信息，检查自己的教学效果。如果课堂上学生的精神凝聚，视线都交织在教师的脸上，这便是肯定的反馈信息。相反，学生目光散射，东倒西歪，交头接耳，或者趴在桌子上等，这便是厌倦，否定态度显现，这时教师就知道该生走了神了，就可以采取一些措施，唤醒其注意。

(1) 环视法。在上课伊始，教师可以用这种方法使全班同学平静下来。教师扫视教室一周，使学生意识到要上课了。在课堂上也可以用这种方法维持课堂秩序，督促学生听讲，同时也避免了语言批评对学生的伤害。讲课时，教师的眼睛环视着全班，使每个学生都感到教师在对他讲课，使他们产生一种参与感，调动他们的积极性。使学生感到教师意识到自己的存在，这种目光的交流也满足了学生自尊心的需要，无意间缩短了师生间的心理距离，从而使学生上课时注意力更加集中，与教师积极配合。

(2) 注视法。这是眼神运用中最有效、最有内涵的方法。当遇到有的学生偷看课外书、做小动作等违反课堂纪律的行为时，教师可以暂时停止讲课，用目光给予暗示。对于不太注意听讲的学生来说，尽管他没有听清教师讲课的内容，但对教师声音的突然停止还是可以感觉得到的。他们会不自觉地抬头观望，这时如果碰到教师严肃的目光，他们会意识到自己所做的不对，从而停止其他活动，认真听讲。而其他的学生不一定知道其中的奥妙，这样既起到了制止不专心行为的作用，也不致伤了学生的自尊心。当有的学生不敢回答教师的问题时，教师也可用鼓励、亲切的目光启发学生大胆发言，调动其积极性，使一些胆怯的学生也能积极参加到课堂教学中来，更有利于教师因材施教地进行课堂教学活动。

3.5.7 语言技能评价表

语言技能评价表如表 3-3 所示。

表 3-3 语言技能评价表

评价项目	好	中	差	权重
1. 讲普通话，字音正确				0.10
2. 语言流畅，语速、节奏恰当				0.20
3. 语言准确，逻辑严密，条理清楚				0.15
4. 正确使用专业名词术语				0.15
5. 语言简明、生动有趣				0.05
6. 遣词造句通俗易懂				0.10
7. 语调抑扬顿挫				0.05
8. 语言富有启发性				0.10
9. 没有不恰当的口头语和废话				0.05
10. 体态语言配合恰当				0.05
总体评价：				

3.6 板书技能

3.6.1 板书技能的概念

板书技能是指教师在教学过程中，根据教学的需要，将一定的教学内容转化为各种符号(文字、数字、字母、线条、图表、图像等)，并通过一定介质展示在学生面前，以帮助学生理解、促进知识迁移、强化信息传输，增强学生记忆，从而提高教学效果，最大程度实现教学目标的技能；它既是一种教学行为，也是一种教学结果。

3.6.2 板书的功能

1. 体现教学内容的结构和教学程序

一个优秀的板书，能够以简洁的形式高度概括教学内容，正确揭示教学主题，体现教师的授课意图，突出教学重点和难点，展现教学活动开展的程序。正如有人所说，板书是反映教学内容的“镜子”，是学生掌握教学知识点的“显微镜”，是教师教学时引人入胜的“导游图”。总之，好的板书能提纲挈领地反映教学内容的结构，能生动地展现教学活动开展的过程。

2. 强化记忆，促进知识的理解和迁移，减轻学习负担

学生仅凭听讲理解一节课的全部教学内容是较困难的，有了板书，学生可以边听、边看、边记，眼、耳、手、脑多种感官同时调用并互相协调，有助于学生理解教学内容。教师通过精心设计，把教学内容的重点和关键点概括地写在黑板上，比一味口头重复、强调、提示要好很多。教学调查表明，教师写在黑板上的字句及其包含的内容，学生大都能特别注意，不但便于笔记，而且便于复述，自然更易理解，印象也比较深刻，此外，好的板书，对学生来说还是一种美的享受，漂亮的字体、巧妙的构思，既能使学生感到板书的形式之美，还能使其感受到教师内置的品格之美，因而能在一定程度上减轻学生学习的负担。

3. 激发学习兴趣，启发学生思维

优秀的板书，就像戏剧舞台上的道具与程式，所谓一跨步走过千山万水，一面旗代表千军万马，精心设计的板书，是反映知识结构的提纲，板书中的某些符号能够激发学生广泛的想象与联想，能够促进学生将新旧知识进行自然流畅的联系。此外，优秀的板书，在各种符号之间留有很大的空间，不但可以激发学生的期待心理，

更能启发学生的思维。

3.6.3 板书的分类

了解板书的类型，有利于教师更为科学地设计与应用板书。从不同的角度看，板书可以有不同的分类。

1. 从板书的地位看

板书可分为正板书与副板书(又称为主板型和副板型)两类。正板书是教师对教学内容分析和高度概括后提纲挈领地写在黑板上的文字或符号。它反映教师整个教学程序及课堂教学的主要内容。这种板书是教师在备课过程中反复推敲、仔细揣摩、精心设计而写成的，是教案的重要组成部分。副板书是指教学过程中因为学生听不清或听不懂，作为正板书的补充而随讲、随写、随擦的文字或符号，通常写在黑板的两侧。

2. 从板书的内容看

板书可分为五大类：讲授新知识的板书、讲授新知识并配有实验的板书、讲授实验课的板书、复习课的板书、用以检测的板书。

1) 讲授新知识的板书

上新课,教师对板书必须认真考虑,要根据本学科特点设计,如语文课必须把课文中的生字生词列出来,一般是另用一块小黑板,预先写好,用时挂出来即可。通常情况下,教师对板面的利用,应做到心中有数,一般是将长方形黑板三等分,左边 1/3 面积记载大小标题,中间部分记板书计划的内容,右边 1/3 面积可专门用来书写计划外的一些随写随擦的内容。这是大体划分,视具体情况而定,不可千篇一律。若对主、副板书而言,则主板书多表现教材的内容纲要,常写在黑板正中的 1/3；副板书写在两旁,多作于课堂说明、注释、布置作业等。

2) 讲授新知识并配有实验的板书

这种类型对于理科教学而言,所配实验包括演示实验和学生实验。上课时,要求实验与板书的书写适当配合。一般由教师提出实验内容、方法、要求及注意事项后再做实验，最后由师生共同总结,教师将结论书写在黑板上。也可以先板书,讲解完板书后,再做实验验证。对难理解的知识,多采用前一种方法。

3) 讲授实验课的板书

这也是对理科而言。其具体板书内容一般为实验题目、实验内容、实验原理、操作方法、仪器配置图、实验要求与注意事项等。要求教师的板书、板画与实验的讲解密切配合。如果在实验室进行，应把板书提前写好。

4) 复习课的板书

因复习的方式多种多样，板书也多有不同。一般多采取教师独自总结或与学生对话的方式复习，这可由教师先写出复习内容的一部分板书，或由教师总结，或由学生回答问题，最后由教师写出系统的纲目或问题的答案。对这种板书，教师应预先做到心中有数。

5) 用以检测的板书

有时需要教师将考题抄写到黑板上，由学生来做。考题的写出可以边写边读，一般是写后再读，也可以不读，这种板书要求书写准确、清楚。抄题时应根据考题内容的多少和板面的大小做好设计。

3. 从呈现方式看

板书可以分为五种：提纲式、表格式、图解式、连线式、综合式等。

1) 提纲式

提纲式的板书最常用，它是以教学内容的结构提纲或内容提要为主的板书，能较完整地反映教学内容的结构层次或要点，有助于学生对教学内容尤其是教学重点的理解和掌握。提纲式板书的设计过程是，教师根据对教学内容的分析和归纳，用精练的语言准确地概括出教学内容各部分各层次的要点，并按照教学的思路以及学生的认识规律，依次写在黑板上。这种板书设计，纲目清楚，重点突出，便于学生对教材内容和知识结构的理解和记忆。如图 3-1 所示的《核舟记》的板书：

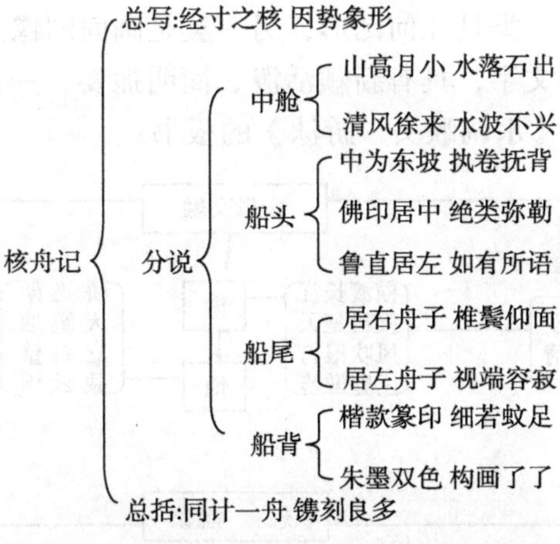

图 3-1 《核舟记》板书

这幅板书不但概括了文本总—分—总的结构特点，而且完全按照文章脉络组织，通过板书，学生对课文每一步的写作内容就能了然于胸。

2) 表格式

这类板书是将教学内容中的事物和概念以表格的形式加以呈现，具有整齐、对称、均匀、清晰、明了的特点。由于表格式板书类目清楚、条理性强，有利于训练学生的分析归纳能力。同时，表格式板书将多变的教学内容以简明的框架结构加以呈现，能增强教学内容的透明度和清晰度，也有助于加深学生对事物的特征及本质的认识。

表格式板书大多具有对比作用，这是因为教师将教学内容中具有对比性的各项内容填入到相应的表格中，从而使表格产生对比性。

如《小壁虎借尾巴》的板书(表 3-4)：

表 3-4 《小壁虎借尾巴》板书

小壁虎借尾巴		
爬到哪里	看到什么	知道什么
小河边	小鱼　摇　游来游去	拨水
大树上	黄牛　甩　吃草	赶蝇子
屋檐下	燕子　摆　飞来飞去	掌握方向

这幅板书概括了小壁虎在不同的位置所看到的事物及其因此而懂得的尾巴的功能。

3) 图解式

图解式的板书用文字、数字、线条、关系框图等表达教学的主要内容。这种板书能将分散的知识系统化，或揭示某一专门知识的构成要素及其相互联系。图解式板书又可分为两类，一类是几何图形，另一类是画面图像。它们的共同点都是以直观的图画代替抽象的文字，具有新颖活泼、简明扼要、一目了然的特点。

如图 3-2 所示的《水调歌头 · 游泳》的板书：

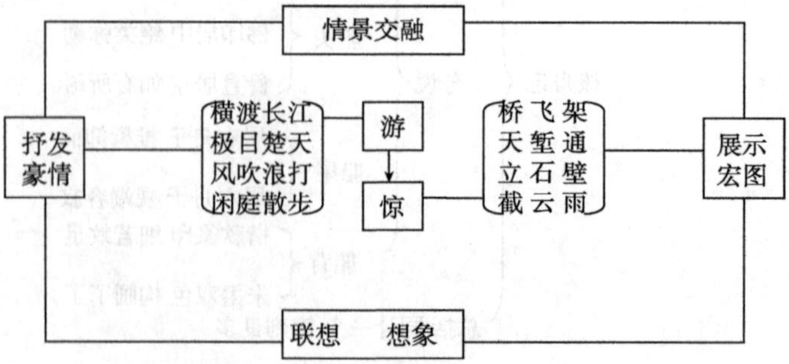

图 3-2 《水调歌头 · 游泳》板书

这个板书完全是由长方形与正方形两种几何图形构成，将文章的结构、特点、基本内容完整地展现在学生面前。

再如图 3-3 所示的《石钟山记》一文的板书：

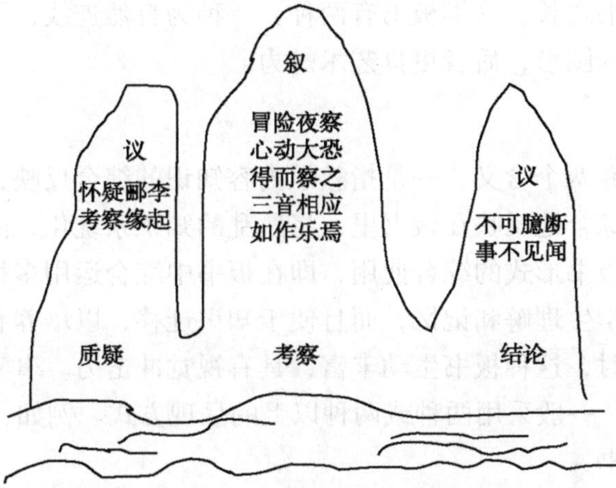

图 3-3　《石钟山记》板书

此板书由山水船人四个形象构成，给人的感觉就是一幅山水图，这与文本内容非常吻合。

另外，几何图形与画面图像在许多情况下都会结合使用，或者说，有许多画面图像是由几何图形构成的。例如，图 3-4 所示的《项链》的板书：

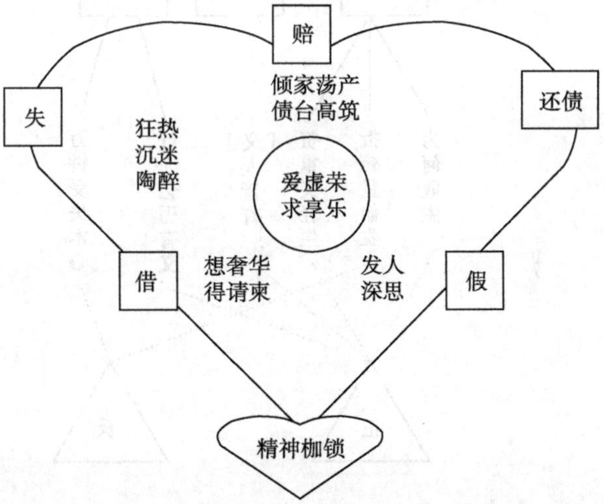

图 3-4　《项链》板书

此图就结合了几何图形中的圆形、方形，总体构成一个项链的图案。

4) 连线式

连线式板书以某一线索为主线，将教学内容的要点以线条进行连接，它兼具提纲式与表格式板书之长。这类板书有两种，一种为自然连线，不构成任何图形；另一种则构成一定的图形，后者更具艺术魅力。

5) 综合式

综合式板书有两个含义：一是指教学内容知识的综合反映，即将教学中所涉及的多方面的知识综合地反映在板书里，将散乱的知识系统化、简约化，形成知识网络；二是指多种板书形式的综合使用，即在板书中综合运用多种呈现方式。这种板书设计不仅便于学生理解和记忆，而且便于知识迁移，以培养和提高学生综合运用知识的能力，同时，这种板书生动丰富，具有视觉冲击力。事实上，单一呈现方式的板书是很少的，一般采用两种或两种以上的呈现方式。例如，图 3-5 所示的《鱼我所欲也》的板书：

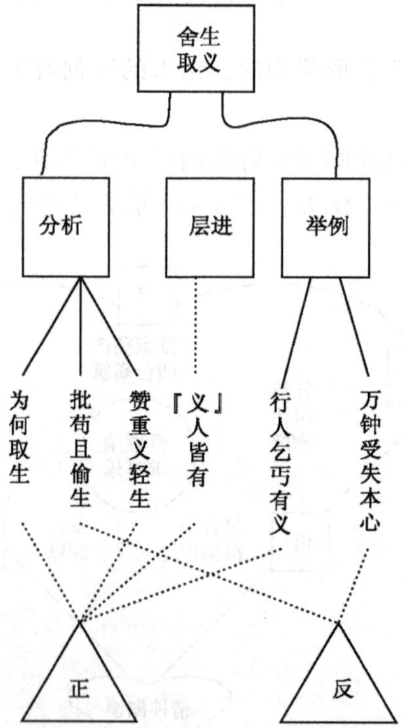

图 3-5 《鱼我所欲也》板书

此板书就是由提纲式、图解式(局部为几何图形，整体为人物的图案)、连线式三种类型组成。

4. 从材质角度看

板书可以分为：以黑板为载体的板书——黑板式板书；以白板为载体的板书——白板式板书；以投影胶片为载体的板书——投影胶片式板书；以电脑数码投影片为载体的板书——电脑式板书。黑板与白板除了用粉笔书写笔外，还配之以挂图、小黑板、剪纸等，以节省时间，增加美感。投影胶片式板书因制作与使用均不方便，故目前已很少使用，而被以演示文稿为主要形式的电脑式板书取代。电脑式板书不但制作与使用十分方便，而且可以通过动画、视频及音频灵活地展示板书中的任意一个细节，目前已成为教学板书的主流。

3.6.4　板书设计的原则

1. 明确目的，突出重点

板书设计要根据教学目的，从教学内容出发，明确体现教学的目标，突出呈现教学内容的重点或难点，展现教师的教学意图。

2. 简洁精练，条理清晰

板书应能以最简洁的话语概括教学内容的核心内容，体现教学内容的结构或思路，切忌繁多杂乱，面面俱到，应力求内容简洁，画龙点睛，以少胜多。让学生透过简洁的板书扼要地抓住教学内容的核心。板书还需言之有序、条理清晰、布局合理。

3. 形象生动，鲜明夺目

设计板书时需合理使用各种图形及色彩，恰当安排板书的内容及结构，使板书生动灵活、直观形象、美观大方、鲜明夺目，从而调动学生丰富的联想和想象，给学生以美的享受和难以忘怀的印象。

3.6.5　板书设计的方法

了解板书的类型，可以帮助我们建立板书体系，从而能够在板书教学中做到灵活组合创新；把握板书的设计原则，可以帮助我们辨明方向，避免走弯路；掌握板书的设计方法，则为我们板书设计提供得心应手的工具，使板书教学能够真正落到实处。板书设计的方法很多，下面简单介绍几种。

1. 从教学内容的逻辑结构入手

设计板书时，一定要考虑教学内容的逻辑关系。从教学内容的逻辑结构入手，便于从整体上设计板书，使板书的变化有理有序。弄清教学内容的前后逻辑关系，无论多么复杂的板书，都能做到逻辑严密、层次分明、关系清楚，同时也能辅助教师的课堂教学，有助于学生对教学内容的掌握和理解。

2. 抓住教学内容的重点、难点和特点

教学内容的重点、难点和特点往往是板书的主要内容，因此，抓住了教学内容的重点和难点，板书的主要内容也大致确定了。分析教学内容的重点、难点和特点并以此作为板书内容的主要来源能使板书短小精炼，高度概括，充分展现教学内容的关键点。

3. 善用简笔画

以线条、几何图形等构成的简笔画，构图简单，形象突出，表现力较强，再配以恰当的文字说明，可以起到事半功倍的成效。简笔画往往给人以幽默感，可以增加阅读的情趣，激发学习的兴趣。简笔画的另一个优点就在于其省事省力，寥寥数笔，却胜过千言万语。简笔画对于低年级的学生来说，尤为重要。

4. 注重创新

板书需要创新，这种创新并不一定体现为在相同教学内容的教学过程中使用不同的板书，而是指教授每一教学内容时能结合使用多种板书的表现形式，做到既传递教学内容又不失新意。

3.6.6 板书技能评价表

板书技能评价表如表 3-5 所示。

表 3-5 板书技能评价标准

评价项目	好	中	差	权重
1. 板书设计与教学内容紧密联系，结构合理				0.20
2. 板书有条理，简洁				0.15
3. 文字书写规范				0.15
4. 板书大小适当，便于观看				0.15
5. 板书配合讲解，富有表达力				0.10
6. 能激发学生的思维和兴趣				0.15
7. 应用了强化手段，突出重点(如彩笔、加强符号等)				0.10
对整段微格教学片段的评价：				

3.7　计算机辅助教学技能

3.7.1　计算机辅助教学的概念

计算机辅助教学(Computer Assisted Instruction，CAI)，是指运用计算机及其相关设备和设施的先进性能，并使用经过精心设计的相关教学软件(课件、教学资源)帮助教学，以提高教学质量、教学水平和教学效率为目的的一项技术。

计算机辅助教学是一种先进的教学技术，是现代信息技术和现代教学理论在教学中的应用。这种教学技术强调以运行在计算机平台之上的课件为核心，而课件的设计、制作和运用则是教学理论、教学设计、程序设计和多媒体技术等多种技术的综合运用。

计算机辅助教学虽然在形式上是以计算机为教学工具的一种教学形态，与传统的教学形态和以一般的电化教学设备为工具的教学形态相并列。但是，计算机辅助教学在本质上是一种新的教学技术，它以运行在计算机上的课件呈现教学内容，以灵活多样的交互手段和方式控制教学的进程，更好地实现教学的目的，提高教学的效率、质量和水平。

3.7.2　计算机辅助教学的多媒体设备简介

现行一般的计算机辅助教学系统(或称多媒体教学系统)由计算机系统、投影系统、音响系统和中央控制（简称中控）系统四个子系统组成。

计算机系统包括主机、显示器、鼠标和键盘。

投影系统由 VGA 分配器、投影机和电动幕布构成，部分学校还配备了交互式投影系统或交互式电子白板。

音响系统由有线话筒、无线话筒、无线接收机、功率放大器和音箱构成。

中控系统利用控制电路通过相应的接口与计算机、投影机和电动幕布相互连接，实现对投影机的自动开机、延时关机控制，对电动幕布的升降控制，对计算机的自动开机及关机控制。中央控制器作为所有多媒体教学系统设备的控制中心。

上述四个子系统的有机结合构成了一个功能完整的多媒体教学系统。多媒体教学系统设备除了投影机、幕布与音箱外，其他设备全部集中在中控桌内。中控桌既是多媒体教学设备的统一放置机柜，同时也是传统意义上的讲桌。

作为未来的现代教师，师范生在职前学习期间必须要学会并最终具备这些硬件设备的基本操作能力和多媒体课件制作技能，以满足当代教学技术的变革，否则，走上工作岗位之后，难以应付多媒体教学的现实要求。

3.7.3 计算机辅助教学的功能

在教学中，利用计算机辅助教学有以下一些优势。

1. 利用计算机辅助教学可充分提高学生的学习兴趣

兴趣是最好的老师，是学习的动力。俄国著名教育家乌斯基曾说过："没有丝毫兴趣的强制性学习，将会扼杀学生探索真理的欲望。"在教学中激发起学生的学习兴趣至关重要。学生的学习是在积极感情的参与下进行的理智活动，他们的注意力和兴趣是互相联系的，利用多媒体计算机这一强大的工具，把有形、有声、有情的教学内容组合起来，很容易吸引学生，从而激发学生感情，产生学习兴趣，调动学生学习的积极性和主动性，使学生对知识产生感性认识。

2. 利用计算机辅助教学便于突破教学重点和难点

利用计算机多媒体辅助教学的优势在于既能提供直观形象和逼真的动态图像，发展学生的观察能力和空间想象能力，又能为学生提供更多的观察、比较、判断的机会，能有效地节约教学时间，提高教学效率，加深对新知识的理解，突破教材的难点。

3. 利用计算机辅助教学可提高课堂教学效率

课堂教学是向学生传授知识的主要渠道。优化课堂教学，实施课堂教学改革，是提高教学质量和教学效率的有效途径。利用计算机辅助教学，可以用最短的时间、最少的精力，取得最好的效果。多媒体计算机辅助教学能从各方面培养学生的分析能力、想象能力、抽象思维能力，通过多媒体计算机的使用，使学生对许多内容一目了然，拓展了学生的知识面，节省了教师大量的课堂授课时间，在相同时间内增加了信息量，使学生获得了更多的知识，提高了教学效率。同时，因特网上有大量的信息资源，学生在学会自己搜集信息资料的同时，也增强了处理信息的能力。

3.7.4 计算机辅助教学技术的发展

第一阶段：20 世纪 50 年代~20 世纪 70 年代。操练与个别指导。

第二阶段：20 世纪 80 年代。课件教学与个别指导。

第三阶段 ：20 世纪 90 年代至今。多媒体、网络教学。

从 20 世纪 90 年代中后期开始，计算机辅助教学逐渐向信息技术与课程整合的方向发展。

3.7.5 计算机辅助教学的模式

教学模式的划分是相对的，在具体的教学活动中，各种教学模式往往相互结合使用。

1. 课堂辅助模式

这种教学模式是指教师利用计算机辅助其课堂教学，以突破教学内容中的重点和难点，通常是采用多媒体课件，教师面向全体学生，以多媒体信息(诸如图形、图画、动画、视频图像和声音)全方位地展示教学内容，使学生获得生动形象的感性材料。还可以根据教学实际情况和学生的反馈信息，及时调整教学进度、强化教学重点，以求全方位多角度地达到教学目标。这种教学模式可以充分地发挥教师的导航和调控作用。

2. 操练与练习

操练与练习(Drill and Practice)模式主要用于实现教学过程中学生练习阶段的功能，这是多媒体教学最常用的模式。该模式并不向学生传授新知识和新技能，只是用来巩固和熟练某些知识和技能，这些知识和技能是学生已经通过其他途径学会了的。

与传统的教师布置的操练与练习相比，采用多媒体手段操练与练习的主要优点在于：①可以及时反馈相关的信息；②能够以多媒体方式有效地激励学生；③可以将学生的成绩及时加以保存。

3. 个别指导

个别指导型也称指导型(Tutorials)，是由计算机扮演讲课教师的角色，目的在于向学生传授新的知识或技能。这是能较好体现计算机个别化教学特点的一种模式，常常用于学生自学或者补习功课。

在多媒体教学个别指导模式中，通常将教学内容划分为一些较小的教学单元，每个单元只讲授一个概念或知识点。在每个教学单元的教学中，计算机先在屏幕上讲解概念、知识或技能，然后向学生提问并检查他们的掌握情况。每隔若干个教学单元或学习结束时，计算机就针对所学过的内容提问，这相当于平时的单元复习或总复习。这就类似于一位有经验的教师，计算机会根据学生的反应，决定让学生进入新内容的学习还是退回原有的内容，学生只有达到课件所规定的成绩标准后，才能进入下一个主题。

Windows 和一些应用软件中的帮助文件就是一个简单的个别指导课件。

多媒体教学个别指导模式的优点主要表现在以下三个方面：①学生参与程度高；②有利于个别化教学的开展；③教学效率高。

4. 教学测验

测验是教学过程的重要一环。因此，计算机辅助测验(Computer Based Testing，CBT)也是 CAI 或多媒体教学的一个重要组成部分。CBT 的主要内容包括自动出试卷、联机测验或自动阅卷、测验数据分析三个方面。

按照评分方式的不同，可以把测验分成主观性测验和客观性测验两类。主观性测验包括口试、写作、翻译、回答问题等，其优点是有利于测定考生的综合认识能力，但评分标准不太好掌握，测验结果在较大程度上依赖于教师的主观判断。客观性测验又称标准化测验(考试)，它可以弥补主观性测验的上述缺点。该种测验通常采用是非题、多项选择题、匹配题等形式，每个题目一般十分简短，答案唯一，而且题量较大，内容的覆盖面较广，所以客观性测验题的评分简单、准确，测验结果的可信度高。事实上，用计算机实现的测验正是这类客观性测验。

在计算机中建立题库系统，然后根据要求从题库中自动选择题目构成一份测验试卷，可以减轻教师的工作量，而且产生的试卷可以避免一些人为因素，有效性很高，如计算机等级考试的上机考试系统就是这类。

5. 模拟

模拟(Simulation)也称为仿真，就是用计算机模仿真实自然现象或社会现象。模拟是科学家们常用的一种科学研究方法，而将模拟用于教学则是近 10 多年来发展起来的并越来越受到人们重视的新方法。

模拟在教学中的应用十分广泛，从自然科学、管理科学到工程技术的许多学科教学中都可以采用。随着多媒体计算机技术的发展，模拟的效果更是令人叹止。模拟在教学中的应用可以分为以下几个方面。

1) 实验模拟

在自然科学课程的教学中，计算机模拟课件可以模拟实验环境，以便代替、补充或加强传统的实验手段，如物理课程中的电磁感应实验，化学中的一些危险实验。

2) 管理模拟

计算机模拟在管理领域的应用有助于培养学生在管理决策方面的能力和素质，如酒店的单对单服务台排队系统。

3) 训练模拟

由计算机控制的模拟训练器能够产生逼真的训练和操作环境，可以节约很多的训练时间，在许多专门技能的训练中得到应用，如汽车模拟驾驶系统、飞机模拟系统等。

在教学过程中采用计算机模拟手段，其优点主要表现在：①高效、安全；②低成本；③形象逼真，容易引起学生的兴趣。

6. 问题求解

问题求解也称问题解决(Problem Solving)，是指在教学中运用计算机作为工具，让学生自己去解决那些与实际背景较接近的问题，其主要的目的是培养学生解决实际问题的能力。

问题求解给学生提供创造性解决问题的机会，通过解决问题的过程应用、检验和精炼已经掌握了的概念和知识。

问题求解模式通常有两种实施方法。

1) 特定的问题求解

对于特定的问题情境，学生使用由教师预先编写或选定的软件，通过不断的人-机交互逐步求解。

2) 工具性问题求解

对于那些较为复杂的问题，鼓励学生借助于软件或选用某种计算机语言编写程序解决问题。同时，借助于软件工具，学生还能将注意力集中在解决该问题所需的分析、规划、技能和程序实现上。所涉及的工具软件主要包括文字处理软件、数据库软件、绘图软件、符号计算软件、计算机高级语言等。

7. 教学游戏

教学游戏(Instrutional Games)，就是计算机以游戏的形式呈现教学内容，产生一种带有竞争性的潜在的学习环境，从而激发学生积极参与，起到“寓教于乐”的作用。

与一般的电子游戏类似，教学游戏通常有一套明确的规则，有竞争性，最后一定有赢家和输家。大多数游戏在学生与计算机之间展开，有些也在若干学生之间进行。多数教学游戏是为了锻炼学生的决策能力而设计的。由于一个游戏包括许多步骤，每一步又面临着多种选择，这就迫使学生尽可能地应用他们所学的知识千方百计地寻求取胜的策略。

8. 微型世界

微型世界(Microworld)是指利用计算机系统构造一种可供学习者自由探索的学习环境。其基本特点是学生可操纵模拟环境中的对象，可建构自己的实验系统，测试实验系统的行为。例如，一个名为"电子工作台"的软件系统，允许学习者利用它提供的"元件"构造各种模拟电路和数字电路，并能动态测试电路的性能。有一种适合儿童学习的LOGO语言，由于它提供的"图龟"世界允许学习者操纵并观察其反应，因此也被认为是一种微型世界。一般说来，微型世界和教学模拟、教学游戏有密切的关系。

9. 案例学习

案例学习(Case Studies)为学生提供来自实际案例的资料，在丰富的信息环境中让学生以调查员的角色去搜集资料、调查案情，分析和决策。而教学查询系统本质上是数据库系统和信息检索技术的教学应用。

10. 智能授导

智能授导系统(Intelligent Tutoring System，ITS)旨在通过学生与计算机进行双向问答式对话，利用人工智能技术模拟"家庭教师"的行为。一个理想的智能授导系统应能理解学生用自然语言表达的提问，不仅要具有学科领域知识，而且要知道它所教学生的学习风格。

11. 情景化学习

情景化学习(Situated Learning)就是在多媒体技术创设的接近实际的情境下学习，利用生动、直观的形象有效地激发联想，使学习者能利用自己原有认知结构中的有关知识与经验去同化当前学习到的新知识。情景化学习是建构主义学习的主要研究内容之一，它的主要方法包括抛锚式学习、认知学徒等。认知学徒模式主要采用示范、教练、扶助等方法，类似于传统的师徒传技授艺模式。在这里，教师的作用可以由智能代理实现。

12. 基于资源的学习

基于资源的学习(Resources-Based Learning)就是要求学生利用各类资源自学。现代信息技术，特别是多媒体与计算机网络技术的应用，为学习者提供了极为丰富的电子化、数字化学习资源，如数字化图书馆、电子阅览室、多媒体电子书等。此外，因特网上有着无穷无尽的学习资源，学习者可以通过各种检索机制，方便快捷地获取所需要的知识，进行高效的学习。

13. 探究性学习

探究性学习(Inquiry Learning)要求学生利用计算机或网络系统的信息服务功能，从学科数据库中检索出所需的信息，通过信息收集和推理之类的活动，得出对预设(通常由教师所给)问题的解答。

探究性学习、案例学习与基于资源的学习的实质都是数据库系统和信息检索技术的教学应用，但是它们的数据组织与范围是不同的。探究性学习的数据库通常按学科范围组织而成，案例学习的数据库是围绕有一定实际背景的事例组织的，而基于资源学习的资源通常无预定范围。

14. 认知工具

一般认为，计算机作为学习工具，按照它们对学习者支持作用的不同，可以分为效能工具和认知工具两大类。效能工具，重在帮助人们提高工作效率，如文字处理系统、电子报表系统等。认知工具也称为智力工具，乔纳森认为，认知工具是指可以帮助学习者发展批判性思维、创造性思维和综合思维能力的软件系统。乔纳森还提出了鉴别一个软件工具是否可作为认知工具的 9 项标准：计算机化、现成的应用软件、用户(在经济上)可承担、可用于表示知识、可泛化(可用于不同领域)、可支持批判性思维、学习可迁移、简单而功能强大的知识表示形式、易学易用。乔纳森认为，数据库、电子报表、语义网络工具、专家系统外壳、计算机化通信工具、超媒体工具等都是认知工具。其中，有些工具(如数据库软件)通常都被作为处理数据的有力工具，但它们完全可作为认知工具来用。

15. 计算机支持协作学习

计算机支持协作学习(Computer-Supported Cooperative Learning)强调利用计算机网络支持学生、同伴之间的交互活动，例如，在计算机网络的支持下，学生们可突破地域和时间上的限制，进行学伴互教、小组讨论与练习、小组课题等协作性学习活动。而个别化 CAI 则注重于人机交互活动对学习的影响。

16. 虚拟教室

虚拟教室(Virtual Classroom，VC)是指在计算机网络上利用多媒体通信技术构造的学习环境，允许身处异地的教师和学生互相听得着、看得见，不但可以利用实时通信功能实现传统物理教室中所能进行的大多数教学活动，还能利用异步通信功能实现前所未有的教学活动，如异步辅导、异步讨论等。

3.7.6 计算机辅助教学中应当避免的误区

计算机辅助教学作为一种新的教育技术，许多教师还不能像用传统教育方式那样运用自如。教师应当极力避免在计算机课件制作以及辅助教学中陷入以下几个误区。

1. 注重形式，忽视目的

CAI 被广泛地应用于教学中，但教师在进行 CAI 课件稿本设计时往往只考虑如何将教材内容使用图、文、声、像的形式去呈现，制作课件时，只是一味地将多种信息媒体无原则地组合在一起，追求界面上的漂亮，刻意在形式上有别于传统教学，而忽视了 CAI 课件是为了辅助教师解决教学内容的重点和难点部分，以提高课堂教学效率，全面提高学生素质为根本目的。

2. 课件设计不考虑学生的学习需要

学习需要是指学习者学习方面目前状况与所期望达到的状况之间的差距，也就是学习者目前水平与期望学习者达到的水平之间的差距。在采用传统的教学方式教学时考虑到了学生的学习需要，着重培养学生的各种能力，但是由于计算机辅助教学是件新事物，不少教师还不能熟练把握计算机辅助教学的进程，在 CAI 课件设计及辅助教学时经常只注重自己如何把知识内容传授完，用幻灯片替代板书，播放速度快，学生机械地、程式化地学习。我们在设计课件时必须把教师教的过程与学生学的过程结合起来，在课件脚本设计前要对学生的心理特征、兴趣爱好、学习能力进行透彻分析，充分考虑学生的学习需要。

3. 以计算机课件代替教师讲授

如今，有一部分教师一上课堂，就拿出制作的课件，整节课上教师只是点点鼠标，读一读课件中的内容，用课件完全代替教师的讲解与演示实验，忽视启发学生思考，甚至不给学生任何的思考余地，没有考虑到 CAI 课件的强大交互性，这是非常不正确的。心理学研究表明，当人们注视屏幕时，头脑活动会减慢，20 分钟后脑电波显示大脑活动处于睡眠状态，思维受到屏幕内容的抑制。因此，计算机辅助教学只是一种辅助教学手段，不能超越它的使用者——教师，教师仍是课堂教学的主导者。

4. 任意加大课堂容量

有的教师在利用计算机辅助教学时，任意合并教学单元，一节课中出现过多的概念、原理及规律，学生难以接受。切记不要由于计算机辅助教学能够实现大容量、高密度的信息交换，就过分加大课堂的容量，变成现代化的“注入式”教学，而应该考虑到学生的学习情况，围绕一节课的教学重、难点从不同的角度、层面去帮助学生深入理解知识内涵，扩展知识结构，培养学生各种能力。教师要用现代教育理论指导教学实践，适时、适当、适度地使用 CAI 课件去分析教材内容、讲解学习新知识的方法、培养学习能力。

计算机辅助教学是一门新的教育技术，它的产生和发展对促进教育及教育技术的发展有着巨大的推动作用。教师们应在实际应用过程中不断总结与完善，明确计算机在课堂教学中的辅助作用，不能喧宾夺主。根据学生的心理特征、兴趣爱好，结合学生的实际需要准备课件，充分发挥教师的主导作用。做到课堂层次清晰，重点突出，内容丰富而不繁杂。最大限度地发挥计算机在课堂教学中的优势，创造性地开展教学工作，为教育教学服务。

3.7.7 计算机辅助教学技能评价表

计算机辅助教学技能评价表如表 3-6 所示。

表 3-6 计算机辅助教学技能评价表

评价项目	好	中	差	权重	得分
1. 媒体选择与教学目标和教学内容的适当性				0.10	
2. 媒体运用的熟练性				0.15	
3. 软件设计的科学性、教学性、技术性、实用性				0.15	
4. 媒体运用中教学方法和教学模式的优化				0.15	
5. 媒体选择的经济性				0.10	
6. 媒体多种方法的结合				0.10	
7. 媒体运用中教学方法和教学模式的优化				0.15	
8. 媒体运用的教学效果和教学质量				0.10	
总分					

3.8 评 课 技 能

3.8.1 评课技能的概念

评课，就是听课分析，以一定的标准尺度，实事求是地对课堂教学的内容、结构、方法、效率作出科学的理论分析与价值判断，是对授课教师的课堂教学得失、成败进行评议的一项活动，也是学校教学、教研活动中常见的基本形式之一。通过评课，听课者与授课者可以取长补短，共同提高教学业务水平。评课者应高度重视、积极参与，充分发挥出这种教研活动的作用和实效。

3.8.2 评课技能的功能

评课是校本教研、自我反思、同伴互助、专家引领最有效的模式。通过评课，同事之间可以相互学习，相互促进。评课为不同教学教育群体各抒己见以增进彼此了解创造了机会。评课对学校教研活动的发展、深化课堂教学改革、推介经验、了解动态都有着积极的作用。

1. 教研科研作用

评课既是教研活动，又是科研活动。无论是成功经验的总结，还是发现问题的探究，都是校本教研的鲜活课题。它在教学实践和教学理论之间架起了一座桥梁。它既是一个验证理论、指导实践的过程，也是一个实践操作、升华为理论的过程。在评课中教师可以学习吸收先进的教学理论、经验和前沿的教改信息，服务于教学，也可以把自己的经验总结概括形成理论。如此循环反复，教师的教育科研能力必然会有很大的提高，同时也为教师的专业成长开拓了一条有效途径。

2. 教学导向作用

评课随教学理念与时俱进地发展，其本身就具有方向性和目标性。它通过好课标准评价目标和评价体系的指引，为教师的“教”和学生的“学”以及应达到的程度指明方向；通过评课意见和建议的反馈，增进教师对学生最近发展区的了解，使教师及时发现教学中存在的问题，从而改进方法、提高教学效率，同时使学生的学习有的放矢，不断强化和提高。因此，评课对课堂教学起着导向的作用。

3. 激励改进作用

评课让授课教师可以看到自己的成绩和不足，找到成败的原因，促使他们扬长避短，不断改进教学，增强自信，激发教与学的活力和创造性。运用反馈原理，通过评课，教师及时获得有关教与学的反馈信息，判断教学过程是否高效，好的地方得以强化，缺点和不足得以改正，使课堂教学不断改进、提高和优化，达到全面提高教学质量的目的。评课对开阔教师视野、激励教师上进、提高教学能力，有着极其重要的作用。

4. 教学诊断作用

评课就像“临床指导”。为了查清教师教学效果差、学生学习效率低的原因，要有针对性地对课堂教与学评析，进而做出综合分析。在分析过程中，在肯定优点的基础上，重点分析存在的问题，对教师钻研教材、处理教材、了解学生、选择教法、教学设计，以及学生的学习方法和习惯诸方面做一透视，分析产生问题的原因，最后提出具体改进的意见。这是一个“诊—断—治”的过程。

5. 沟通协调作用

从广泛的意义上讲，评课活动是人际间的群体活动。它具有协调角色、沟通意见、融洽情感的功能。对教师而言，可借以挖掘潜力、激励进取、培养良好的教学风气；对学生来说，可以调动学生的学习积极性，激励他们的创造性思维，愉快有效地学习。同时，评课也可促进专家、领导与普通教师之间、校际或校内教师之间的沟通，起融洽同行、师生之间感情的作用。

6. 教学管理作用

学校领导通过评课起到检查、指导、督促、评估教学工作的作用，同时促进教师提升教学能力、提高教学质量。

3.8.3　评课的内容

1. 从教学目标上分析

分析授课教师的教学目标是否符合课程标准、教材要求；所确定的教学目标、要求是否明确、具体，是否符合学生实际；是否体现知识与能力，过程与方法，情感、态度与价值观“三维”目标；从目标达成来看，要看教学目标是不是明确地体现在每一个教学环节中，教学手段是否都紧密地围绕目标，为实现目标服务。

2. 从处理教材上分析

评析教师一节课上的好与坏不仅要看教学目标的制定和落实，还要看教者对教材的组织和处理。我们在评析教师一节课时，既要看教师知识教授的是否准确科学，更要注意分析教师在教材处理和教法选择上是否突出了重点，突破了难点，抓住了关键。

3. 从教学程序上分析

教学目标要在教学程序中完成，教学目标能不能实现要看教师教学程序的设计和运作。因此，评课就必须要对教学程序做出评析。教学程序评析包括以下几个主要方面。

1) 看教学思路设计

教学思路是教师上课的脉络和主线，它是根据教学内容和学生水平两个方面的实际情况设计出来的。它反映一系列教学措施怎样编排组合，怎样衔接过渡，怎样安排详略，怎样安排讲练等。

教师在课堂上的教学思路设计是多种多样的。为此，评课者评教学思路，一是要看教学思路设计符不符合教学内容实际，符不符合学生实际；二是要看教学思路的设计是不是有一定的独创性，超凡脱俗，给学生以新鲜的感受；三是看教学思路的层次，脉络是不是清晰；四是看教师在课堂上教学思路实际运作的效果。我们平时听课时看到有些教师课堂上表现不好，效率低，很大原因在于教学思路不清，或教学思路不符合教学内容实际和学生实际。所以评课，必须注重对教学思路的评析。

2) 看课堂结构安排

教学思路与课堂结构既有区别又有联系，教学思路侧重于教材处理，反映教师课堂教学纵向教学脉络，而课堂结构侧重于教法设计，反映教学横向的层次和环节。它是指一节课的教学过程各部分的确立，以及它们之间的联系、顺序和时间分配。课堂结构也称为教学环节或步骤。课堂结构的不同，也会产生不同的课堂效果。可见，课堂结构设计是十分重要的。通常一节好课结构严谨、环环相扣，过渡自然，时间分配合理，密度适中，效率高。

4. 从教学方法和手段上分析

评价教师教学方法、教学手段的选择和运用是评课的又一重要内容。教学方法不是教师孤立单一的活动方式，它包括教师教学活动的方式，还包括学生在教师指导下“学”的方式，是“教”的方法与“学”的方法的统一。评价教学方法与手段包括以下几个主要内容。

1) 看是不是量体裁衣，优选活用

教学是一项复杂多变的系统工程，不可能有一种固定不变的万能方法。一种好的教学方法总是相对而言的，它总是因课程、因学生、因教师自身特点而相应变化的。也就是说，教学方法的选择要量体裁衣，灵活运用。

2) 看教学方法的多样化

教学方法最忌单调呆板，再好的方法天天照搬，也会令人生厌。教学活动的复杂性决定了教学方法的多样性。所以评课既看教师是否能够面向实际，恰当地选择教学方法，同时还要看教师能否在教学方法多样性上下一番工夫，使课堂教学超凡脱俗，常教常新，富有艺术性。

3) 看教学方法的改革与创新

评价教师的教学方法既要评常规，还要看改革与创新。尤其是评价一些素质好的骨干教师的课。既要看常规，更要看改革和创新。要看课堂上的思维训练的设计，要看创新能力的培养，要看主体活动的发挥，要看新的课堂教学模式的构建，要看教学艺术风格的形成等。

4) 看现代化教学手段的运用

现代化教学呼唤现代化教学手段。“一支粉笔，一本书，一块黑板，一张嘴”的陈旧单一教学手段应该成为历史。要看教师教学方法与手段的运用，还要看教师是否适时、适当运用投影仪、录音机、计算机、电视、电影、电脑等现代化教学手段。当前，在教学方法的问题上还存在“四个一”现象，这应该在听课评课中得到解决。这“四个一”是：①一讲到底，满堂灌。不给学生自读、讨论、思考交流时间，教师“讲”、“灌”包打天下。②一练到底，满堂练。由一个极端，走向另一个极端，教师备课找题单，上课甩题单，讲解对答案，怪不得学生说，“不是灌就是串，要不就是满堂练”。③一看到底，满堂看。有的教师上课便叫学生看书，没有指导，没有提示，没有具体要求，没有检查，没有反馈。名为“自主自学式”，实为“自由放羊式”。④一问到底，满堂问。有的教师把“满堂灌”变成了“满堂问”，而提的问题，缺少精心设计，提问走形式。

5. 从教师教学基本功上分析

教学基本功是教师上好课的一个重要方面，所以评析课还要看教师的教学基本功。通常，教师的教学基本功包括以下几个方面的内容。

1) 看板书

好的板书，首先，设计科学合理，依纲扣本；其次，言简意赅，有艺术性；再次，条理性强，字迹工整美观，板画娴熟。

2) 看教态

据心理学研究表明，人的表达靠55%的面部表情+38%的声音+7%的言词。教师课堂上的教态应该是明朗、快活、庄重、富有感染力。教师在课堂上应该仪表端庄，举止从容，态度热情，热爱学生。

3) 看语言

教学也是一种语言的艺术。教师的语言有时关系到一节课的成败。教师的课堂语言，首先，要准确清楚，说普通话，精当简练，生动形象有启发性；其次，教学语言的语调要高低适宜，快慢适度，抑扬顿挫，富于变化。

4) 看操作

看教师运用教具，操作投影仪、录音机、微机等的熟练程度。

6. 从教学效果上分析

巴班斯基说："分析一节课，既要分析教学过程和教学方法方面，又要分析教学结果方面。"经济工作要讲效益，课堂教学也要讲效果。看课堂教学效果是评价课堂教学的重要依据。课堂效果评析包括以下几个方面：一是教学效率高，学生思维活跃，气氛热烈；二是学生受益面大，不同程度的学生在原有基础上都有所进步，教学的二维目标达成；三是有效利用 45 分钟，学生学得轻松愉快，积极性高，当堂问题当堂解决，学生负担合理。

课堂效果的评析，有时也可以借助于测试手段。即当上完课，评课者出题对学生的知识掌握情况当场测试，而后通过统计分析对课堂效果做出评价。

3.8.4 评课的技巧

评课时应注意以下几个方面。

1. 要抓住主要矛盾

一节再好的课，也不可能尽善尽美。评课时，不可能面面俱到。应根据课的课型，根据听课的目的和要解决的主要问题，抓住课堂教学中的主要问题进行评论。如这节课的目的是探讨如何在课堂教学中培养学生分析问题和解决问题的能力，评课时就应该把重点放在培养学生分析问题和解决问题能力的成功经验和存在的问题上，其他方面只作次要问题略提即可，切不可冲淡中心。

2. 要采用多种形式

评课要根据范围、规范、任务等不同情况，采用不同形式。对于检查评估性听课、指导帮助性听课、经验总结性听课，应采用单独形式评课，即由听课者与执教者单独交换意见。这种形式灵活机动，可随时进行，并且能解决在公开场合不容易、不方便解决的问题。对于观摩示范性、经验推广性的群体听课活动，应采用集体公开形式评课，通过集体讨论、评议，对示范课例分析评论，形成对课堂教学的共同评价，以达到推广经验的目的。

3. 要坚持激励原则

任何形式的评课都必须坚持激励原则。通过评课活动，调动教师开展教学研究的积极性。因此，在评课过程中，既要解决必须解决的问题，又要注意语言的技巧、发言的分寸、评价的方法和火候，以便发挥评课的最佳效益和功能，起到推动教学工作健康发展的作用。

4. 要重视规律和经验的总结

评课的目的不能停留在某堂课是好还是差的结论上，最终的目的应该是总结出成功的经验和失败的教训，探索课堂教学的科学规律，从而进一步提高教学质量。

3.8.5　评课技能评价表

评课技能评价表如表 3-7 所示。

表 3-7　评课技能评价表

评价项目	权重	评价等级			得分
		优	中	差	
1. 客观公正，实事求是	0.15				
2. 兼顾整体，突出重点	0.20				
3. 理论联系实际，有理有据	0.20				
4. 激励为主，提供指导	0.15				
5. 因课制宜，因人而异	0.15				
6. 语言精当，语气平和，态度诚恳	0.15				
总分					

第 4 章 调控教学过程的技能

4.1 导入技能

4.1.1 导入技能的概念

导入技能是指在课堂教学起始阶段，教师运用简洁而行之有效的方法引起学生注意，激发学生学习兴趣和学习动机，最终引导学生进入特定学习状态的教学行为方式。

“良好的开端是成功的一半”。课堂导入的目的是在进行新的课堂教学活动初期，在教学目标的指引下创设各种有效的手段将学生的注意力引导到学习上来，激发起学生对所学内容的兴趣，同时加强新知识与旧知识之间的联系，引导学生的学习心理状态进入新知识的学习中。

4.1.2 导入技能的功能

1. 引入课题，使学生集中注意力

要进行高效的课堂教学必须先使学生进入良好的学习心理状态。下课期间，学生可能参与了各种活动，上课开始，他们各自的情绪、注意以及大脑的兴奋中心都不尽相同。因此，为了能够让每位学生都能够专心致志于学习，给予他们一些恰当的、较强的信息刺激是很有必要的，目的是使之能够充分收敛与学习无关的思绪和行为，把兴奋点转移至所要进行的学习上来。否则，教师再用力也难以实现教学目标。因此，导入的首要作用就是吸引、集中学生的注意力。

2. 激发兴趣，唤起学生求知欲

兴趣是最好的老师。学生一旦对所学内容产生兴趣之后就会激发无穷的学习动力，主动思考、积极探究，解决问题；一旦对所学内容不感兴趣或兴趣不浓就会影响他的学习主动性，进而影响学习效能。因此，一位好的教师必须善于在课堂教学开始阶段通过生动活泼、形象有趣的导入语言，富有趣味的导入活动，激发起学生的学习兴趣，驱动学生积极主动地参与学习活动。

3. 预先告知，明确教学目标

目的明确的导入，要能够引导学生进入教学内容的“大门”，让学生预知学习目标和内容，领会教师的期望，并对自己的学习心理与活动进行积极监控与调节。

4. 承前启后，创设教学情境

好的导入能够为后续的课堂教学或学生的学习做好铺垫，不仅让学生回忆起已经学过的旧知识，而且能够从旧知识出发“推导”出新奇的事物，学生顺藤摸瓜即可到达所要学习的目标与内容上来，为课堂教学作好铺垫。

4.1.3　导入技能的类型

1. 开门见山直接导入

在上课开始时，教师直接给学生介绍本节课的教学主题，点明所论问题的重点及中心，让学生对所要学习的内容心中有数、一目了然，便于将学生的注意力迅速提升到所要学习的内容之上。这种方法是目前比较常见的一种导入方法。该方法省时省事，简洁明快，节省课堂教学时间，为新内容的讲解留下更为富裕的时间。但是这种方法不宜过多采用，因为它没有更多的新颖性与趣味性在其中，学生容易产生厌烦心理。

例如，在教学“同类项”时，教师在黑板上板书了“2a 和 3a”与“$3x^2y$ 与 $4x^2y$”让学生观察各组中字母和字母次数的特点，学生齐声回答了各组中所含字母相同，字母的次数也相同。见时机已到，教师便开门见山地对全班学生说“这节课大家就来共同学习所含字母相同，并且相同字母次数也相同的项，即同类项。需要达到的学习要求是：能够正确掌握什么样的数学表达式叫做同类项。”学生听后积极投入到学习之中，新的一课便拉开了帷幕。

2. 复习导入法

“温故而知新”。教师通过复习、提问、做习题等教学活动有目的地引导学生温习旧知识或通过生动而富有感染力的讲解、谈话或提问有针对性地激发学生对已有生活经验的回忆，导入新知识的学习能够使学生感到新知识并不陌生，便于学生将新知识纳入已有的认知结构中，降低了学习新知识的难度；易于引导学生参与学习过程，激发起学生的求知欲。

例如，学生已掌握了四二拍的含义，即以四分音符为一拍，每小节两拍，在此基础上，教师通过复习四二拍的含义，引导学生理解、掌握四三拍的含义并找出它们的区别与联系。

例如，小学五年级数学“求两数最大公约数”一节的导入。教师首先要求学生完成以下任务。

(1) 回答问题。下面各组数互质吗？7 和 11 ；8 和 9； 13 和 15 ；1 和 100 。

(2) 填空。12 的约数有( )；18 的约数有( )；12 和 18 的最大公约数有( )。

教师导入语：我们已经学过两个数的最大公约数，如果会用计算的方法求两个数的最大公约数就更好了，这节课我们就学习求两个数的最大公约数的方法。

3. 经验与事例导入

用学生生活中已有的经验，熟悉或关心的事例导入新课，能使学生产生一种亲切感，起到触类旁通的功效；也可介绍新颖、醒目的事例，为学生创设引人入胜、新奇不解的学习情境。

教师在引入平面直角坐标系的概念时，首先提出以下问题：

问题1：请学生说出自己在教室中位于几排几列。

问题2：请学生说出生活中应用有序数对确定位置的例子（如棋盘、电影院等）。

通过学生熟悉的生活实例与经验，引入新知识的学习，学生充分感知到知识来源于生活，并应用于生活的道理。

4. 实验导入

每一章节教学的开始，学生们的心理特征是：急于想了解本章、本节知识的大概内容，如果是理科，就特别想知道本章有哪些有趣的实验，喜欢观察鲜明、生动、不平常的实验。在观察过程中，他们的心理活动是好奇、好看、急于想了解实验中出现各种现象、变化的原因，要求解惑的心情特别迫切。根据学生学习之始的心理活动特征，在学习某些章节的开始，可由教师演示一系列实验。设计演示实验可从已知实验入手，向本章内涉及的未知实验过渡，尽量挖掘富有启发性、趣味性的实验。通过大量的声、光、电、味等使学生在学习之始便在感官上承受大量刺激，获得大量感性信息，同时提出若干思考题，在一系列是什么、为什么的启发下，促使学生有条理地思索问题。这样，在某些章节学习开始时，巧布疑阵、设置悬念，就会使学习明确目的、增强动机，起到“激其情、引其疑”的作用。

例如，在讲钠的化合物所具有的性质时，教师可以用水能使棉花燃烧的魔术表演加以导入，即事先在棉花中包一些过氧化钠，而后用胶头滴管向其滴加几滴水，可以看到棉花燃烧起来。因为实验现象刺激而新奇，激发了学生的兴趣及其求知欲望，于是他们会自觉地阅读教材，寻求答案。

5. 直观导入

这种导入方法是在讲授新课题之前，先引导学生观察实物、样品、标本、模型、图表、幻灯片、电视片等，引起学生的兴趣。再从观察中提出问题，创设研究问题的情境，学生为解决直观感知中带来的疑问，产生了学习新知识的强烈要求。采用这种方法需注意以下两点：

(1) 实物、模型、幻灯片、电视片等的内容必须与新教材有密切的联系。

(2) 在观察过程中，教师要及时地、恰如其分地提出问题以指明学生观察中的思考方向，促进他们的思考，为学习新教材做好准备。

例如，有位教师在讲植物学“种子的结构”的时候，她先请同学们辨认几种植物的种子。接着她说：“世界上绿色开花植物有 20 多万种，多数是由种子发育而来的。现我们看到的只是几种，非洲东部塞舌尔有一种椰子树，一个种子的直径有 50 厘米，重达 15 公斤，可算是世界上最大的种子；还有一种叫斑叶兰的植物，它的一亿粒种子才重 50 克，可算是世界上最小的种子。尽管这些种子的大小、形状、颜色各不相同，把它们种在适宜的环境里，都能长成一棵新的植物体。这是为什么呢？因为它们的结构基本上是相同的。今天我们就通过观察常见的菜豆种子和玉米种子学习种子的结构(板书课题)。”

6. 趣味(故事、游戏、谜语等)导入法

学生都喜欢听故事。在各学科的发现史和发明史中，充满了动人的故事。中外史实中，妙趣横生的典故更多。根据教材内容的特点和需要，选讲联系紧密的故事片段，可避免平铺直叙之弊，收寓教于趣之效。

在数学课中，如果以一个精彩的故事进行导入，能够极大地调动学生学习的积极性，更能激发学生用数学知识去观察生活，并把所学到的知识用于生活实际中去。

例如，在教学“一元一次方程的应用”时，这样设计导入语：“在一次野炊活动中，老师和同学们正忙着洗碗进餐，其中一个同学问老师：‘我们共有多少人吃饭？’老师听后灵机一动，就事论事，对这位同学说：‘我们共带了 55 个碗，其中一人一个饭碗，二人一个汤碗，三人一个菜碗，刚好分完，请你计算一下有多少人进餐？’这位同学听了老师的话后，认真思考片刻，便笑着告诉了老师计算的方法及人数，老师高兴着夸这位同学聪明。请同学们回答一下，这位同学告诉老师的计算方法及人数是什么？”同学们听了故事之后，都积极举手回答。

例如，在讲甲烷的产生和性质时，教师可以用“喷火的老牛”来导入新课。在荷兰的一个小山村里，曾经发生过这样一件怪事。一头老牛接连好几日不吃饲料，肚子却溜圆。兽医诊断认为：这牛肠胃胀气。当他在牛的嘴巴前打着火机准备观察时，他万万没有想到从牛嘴里喷出的气体竟然会燃烧起来，形成长长的火舌。此时学生表现出很惊讶的神情，会迫不及待地想知道答案，然后教师因势利导，师生共同探讨甲烷产生的原理及其性质，利用这个故事创设情境，进行导课，既激发了学生的好奇心，又使他们产生了学习的动机，为下面的讲授新课起到穿针引线的作用。

游戏导入方法充分利用儿童和青少年好胜、荣誉感强的特点，上课开始时，先以小组为单位组织学生做游戏，再导入对新知识的学习，如在学习 fast\\slow 这对反义词时，先让学生玩一个“Vocabulary Power”游戏，让学生以小组为单位，看看哪个小组能在最短的时间内讲出最多学过的反义词，如 big\\small; tall\\short; fat\\thin

等。这样，既让学生温习了旧单词，又锻炼了学生的反应能力，从而为讲授新的反义词奠定了基础。再如，复习与运动相关的动词，让学生抽签，根据纸条上的指示表演，其他同学猜测纸条上的内容。还有经典的 Hangman 猜词、猜谜、传话、接龙等都可以灵活使用。

在化学课堂教学中，适当地引进谜语引入新课，让学生感到新鲜好奇，从而引起学生的兴趣。

例如，在讲“一氧化碳”时，可先让同学们来猜一个谜语：“左边月儿弯，右边月儿圆，弯月能取暖，圆月能助燃，有毒无色味，还原又可燃”。请同学们猜一猜是种什么气体。有些同学猜到一氧化碳!这时，老师很自然地在黑板上写上要讲的内容:一氧化碳。又如，当复习到一种化学仪器时，打一个谜语，先让同学们猜一猜，譬如试管刷:虽然你外表很丑，但你却能洗去别人内心的肮脏；量筒:用你细致体贴的心，去感受别人的点点滴滴。

7. 设置悬念导入法

美国心理学家布鲁纳指出:“教学过程是一种提出问题和解决问题的持续不断的活动。”思维永远是从问题开始的。所以有经验的教师，常在章节教学之始，编拟符合学生认知水平、形式多样、富有启发性的问题，引导学生回忆、联想，或渗透本课学习目标、研究的主题。提出带有悬念性的问题导入新课或问题，能够激起学生的兴趣和求知欲。在悬念中既巧妙地提出了学习任务，又创造出探求知识的良好情境。悬念的设置要恰当适度。不悬会使学生一眼望穿，则无念可思；太悬会使学生无从下手，也就会无趣可激；只有在悬中寓实，才能引起学生开动脑筋、琢磨思考，兴趣盎然地去探究。

例如，讲解化学《元素周期律的发现》时，教师一开始就用幻灯机打出一张精致的彩色邮票，票面正中是门捷列夫的头像。并问：“这位大胡子学者是谁呢？”部分学生能认出这是俄国化学家门捷列夫。通过强烈的光、色和生动的问话刺激学生。写出课题后，立刻提出三个思考题，引出本课所要解决的主要问题，达到向学生渗透本节课教学目的的作用。

(1)元素周期律是科学史上的偶然发现，还是科学发展的必然结果？

(2)元素周期律是门捷列夫的个人发现，还是科学家们前赴后继的探索结晶？

(3)为什么称门捷列夫元素周期律，而不是以其他人的名字命名？

课题就沿着这三个环环相扣的问题展开。

又如，化学课开始学习《什么是化学键》时，教师提出一系列问题要求学生思考。人们已经发现和合成了几百万种物质。为什么仅仅一百零几种元素的原子能够形成这么多形形色色的物质呢？原子是怎样互相结合的？为什么两个氢原子能自动结合成氢分子，而两个氦原子不能结合在一起？为什么原子之间按一定数目比相结合？原子结合成分子后，性质为什么与原来的差别很大？为弄清楚上述问题，首先，就要在原子结构知识的基础上，进一步研究原子在形成分子时的相互作用。教师引而不发，学生疑问重重，学生求知欲望倍增。

4.1.4　导入的结构

归纳上述不同类型的导入，都有下列相似的结构：引起注意、激发动机、组织指引和建立联系。努力把握导入结构可以为教师设计导入方法提供直接的理论支持。

1. 引起注意

要千方百计地把学生的心理活动保持在教学行为上，与教学活动无关的甚至有碍的活动才能迅速得到抑制。当学生“专心”于导入活动，才能从教学之始，就得到鲜明而清晰的反应，注意学习，获得良好的学习效果。

已经引起注意的标志是：学生举目凝视，或侧耳细听，或思考，或顿时寂静，或紧张屏息，或议论纷纷……

善导的教师，采用多种方法引起学生的无意注意，并引向有意注意。

导入活动的强度、差异、变化和新奇，都会立刻引起学生的无意注意。例如：

(1) 用幻灯机打出一张精致的彩色图片、物质燃烧的强光、爆炸的巨响、色彩绚丽的物品。

(2) 鲜明的对比实验、演示实物、模型在形状、大小、颜色、持续时间上的显著差异；在和谐宁静的课堂里，教师采用轻微的低声教学，在讲至关键之处，声音由小变大。

(3) 教师生动的语言，抑扬顿挫的语调，并配以适当的手势、颈部表情和走动。

(4) 导入内容的新颖，导入方式的多样化。

上述这些，很容易成为注意对象。而刻板平淡的、千篇一律的内容和方式，就很难引起无意注意。

在导入活动中引起和保持有意注意的途径有：

(1) 加深对学习目标的理解，合理组织教与学的活动。对学习目标理解得越清楚、越深刻，后继学习的自觉性、主动性越强，完成学习任务的愿望越强烈。

(2) 设问导入，有利于加强有意注意，为了思考和回答问题，学生必须注意有关事物。

(3) 在导入过程中把智力活动与实践活动结合起来，在课一开始，就让学生动起来。这样比让学生被动地听教师的开场白，容易集中注意，有时可让学生朗读，有时可让学生观察、做实验……

2. 激发动机

学习动机中最现实、最活跃的成分是认识兴趣，即求知欲。青少年对周围世界有些了解，但知之不多。因此创设引人入胜的情境（例如，演示镁带燃烧等魔术般的化学实验、变幻莫测的物理实验，展示从未见过的生物标本等)，能激发他们产生学习的兴趣。自觉性是学习动机中的重要成分，教师一方面可提出严格的要求，另一方面要说明学习这部分知识和技能的意义，只有学生清晰地意识到自己学习的社会意义，才能产生学习的自觉性，迸发出学习的极大热情，表现出听课学习的坚毅精神。 学科知识与生活、生产实际相联系，也是创设良好学习情境的方法。例如，化学课中 pH 的教学，教师通过提问："你知道人身上流动的血液的 pH 吗？你胃液里有胃酸，它的 pH 是多少呢？" 两个常识性的问题，立即引起学生好奇，心理上产生想要知道的愿望，在此基础上，学生也就兴趣盎然地进行探究。

3. 组织指引

导入要给学生指明学习任务，安排学习进度。这样可以引导学生走向思维，使学生有目的、有意义地开展学习。例如，在化学肥料碳酸氢铵的教学中，教师用"你们知道碳酸氢铵(俗称气肥)的性质，贮存、运输和使用的注意事项吗？"这一问题，给学生明确要研究的课题。然后，教师给学生讲了一个碳酸氢铵不翼而飞的小故事，让学生领悟碳酸氢铵的性质等问题。

要提出学习进行的方法。例如，说明本节课是先要使问题具体化，接着做实验，再共同归纳、订正，最后结合新问题，进行练习、运用，使学生对学习程序做到心中有数。

在教学过程中，教师要不断设法保持教学重点，沿着重点环环相扣地完成教学目标。

4. 建立联系

导入的设计，要充分了解并利用学生原有的知识和能力，要以其所知、喻其不知。从学生实际出发，通过教师的主导作用和学生的主体作用最佳的结合，就能以较少的精力和时间，有效地达到教学目标。温故知新的方法很多，教师可设计提问问题，学生逐步解答，随着答题的深入，旧知识同新知识发生了联系，从而引入新课。例如，让学生写出各种酸的分子式，写出它们的电离方程式，在异中求同的基础上，学习酸的概念。教师也可以通过对学生已有知识进行概括描述和启发之后，讲新课。例如，在描述易挥发物质的扩散现象的基础上讲"分子"。

导入所采用的资料和内容要与课堂教学的中心问题联系紧密。否则，导入再新颖，再能引起学生的注意和惊奇也是无意义的，反而会把学生的注意引向枝节问题，达不到良好的效果。

4.1.5　导入的原则与实施要点

要训练导入技能必须先把握好导入的原则，以便能够设计出好的导入案例。

1. 针对性

导入是为了满足学生的听课需要，在教师的精确引导下，使学生进入新知识的学习状态之中的活动。因此，导入活动需要针对学生的身心特点与认知规律而设计。教学语言和教具准备等都要适合学生的特点。另外，导入活动需针对学习内容与教学实际。切忌与教学内容脱节，与学生脱节；切忌华而不实，毫无教学效果；切忌偏向，导而不入，或误入歧途。

2. 启发性

导入贵在“启发”。通过教师的“启发诱导”而非“教”，使学生能够充分发挥主观能动性，积极参与，主动思考，使学生进“入”教师预设的教学情境中。

3. 新颖与趣味性

“知之者不如好之者，好之者不如乐之者”。一个良好的导入要能够采取风趣幽默的语言、生动活泼的形象、新颖有趣的方式设法有效地吸引学生注意力，激起学生的求知欲望与探究欲望，从而使教学内容以新鲜的面貌呈现出来，为整个课堂教学打下良好的基础。

4. 简洁性

导入虽然是教学的重要环节，但是它并非教学的主体。由于课堂教学时间有限，因此导入所占课堂教学活动的时间比例不宜过长，一般以 3 ~ 5 分钟为宜，必须言简意赅，尽快导入，尽量省时，而为学生学习新知识留下充足的时间。

5. 多样性

“教学有法，教无定法”。导入的形式要呈现出多样性。教学导入的方式有很多，设计导语时要注意配合，交替运用。不能每一堂课都用一种模式的导语，否则就起不到激发学生兴趣、引人入胜的作用。在具体操作过程中，可以借助一些辅助手段帮助优化导入的效果，如多媒体手段，简练的措辞，精妙的编排，绘声绘色的语言表现，甚至包括教师本人仪表的精致打理，都可以带入更多的情感因素，为课堂的开端增色。

4.1.6 导入技能评价表

导入技能评价表如表 4-1 所示。

表 4-1 导入技能评价表

评价项目	好	中	差	权重
1. 目的明确，能将学生成功导入教学情境				0.20
2. 导入内容与新知识联系密切				0.15
3. 导入方式新颖灵活、衔接自然，进入新课				0.15
4. 能激发学生的学习兴趣				0.15
5. 表达清晰，用语规范、简洁、精炼				0.05
6. 面向全体学生				0.10
7. 时间适量(3～5 分钟)				0.10
总体评价：				

4.2 提 问 技 能

问题是教学的心脏，学起于思，思源于疑，疑问是思维的火花。问题可以激起学生的思维，促进学生解决问题。教师的提问是一门艺术，问题提得好，学生就会主动思考、探究、积极回答，从而达到教学的目的。

4.2.1 提问技能的概念

提问技能是教师通过向学生提出问题，并对学生的回答做出适当的反应，以达到促使学生主动思维，理解和掌握知识并发展能力或了解学生学习状态目的的教学行为。提问技能在培养学生的思维能力方面有着特殊的重要作用，是解决问题最有效的教学行为。因此，有人称提问是教师的常规武器。从心理学上讲，推进认识、发展思维的首要条件是，学生对认识对象发生兴趣，并产生力图了解这一对象的内在愿望——求知欲。当原有的经验结构与新接受的信息不相适应，在心理上产生矛盾时，就会产生力求统一矛盾，使心理状态趋于平衡的内在要求，其结果是得到一种心理满足。求知欲的产生来自疑问。所以教师在课堂上有目的地设置问题，形成问题情境，从而引起学生的认识兴趣和认识矛盾，激起探究的愿望，造成一种心理紧张，是使他们对学习产生兴趣，积极参与学习活动的良好方式。

4.2.2 提问技能的功能

提问技能是课堂上师生交流思想的最主要和最直接的技能之一。通过师生问答，教师可以了解学生学习的情绪、心态和知识技能的具体程度，以不断调整自己的教学，做到有的放矢、因材施教；学生可以了解教师的意图，领会教师的点拨指引，并能检查自己学习的情况。因此，提问技能可以使师生双方协调教学步骤，克服教学的盲目性，发挥双方的积极性。提问技能在激发学生思考，引起认知需要，促进学生思维发展方面有重要的作用。教师巧妙的提问能够有效地点燃学生思维的火花、激发他们的求知欲，并为他们发现、解决疑难问题提供桥梁和阶梯，引导学生去探索达到目标的途径，在获得知识的同时，学生也增长了智慧，养成勤于思考的习惯。有经验的教师，几乎每节课都要精心创设各种问题情境，编拟不同水平、形式多样、引人深思的问题，选择恰当的时机进行问答。课堂提问的主要功能如下。

1. 激发兴趣

提问能够激发学生的学习动机，使学生产生探究的欲望，迸发学习的热情，产生学习的需求。

2. 启发思维

提问可以把学生引入“问题情境”，使他们的兴趣和注意力集中到某一特殊的专题或概念上，产生解决问题的自觉意向。学生的学习是以学生的积极思维活动为基础的，学生的思维过程往往又是从问题开始的。提问能帮助学生复习巩固所学的知识和技能，提示教学重点，分散难点，促进学生对教材内容的记忆等。

3. 为学生提供参与机会

提问是课堂上的一种召唤动员行为，是集体学习中引起互相活动的有效手段，提问给学生提供了一个流露情感、发表看法、与教师和班级其他成员沟通交流的机会。学生通过聆听他人对问题的回答，展开争论，从而开拓自己的思路，便于对学习内容梳理、理解、记忆。提问给学生提供了一个参与教学过程的机会。

4. 发展能力

提问可以培养学生的思维能力、口头表达能力和交流能力，提高学生分析与解决问题的能力、获取新知识的能力。学生在回答问题时需组织语言，以便能言之有理、自圆其说，锻炼口语表达能力。同时，在与教师和其他学生探讨问题、寻求解决问题途径的过程中，培养学生与他人交流、沟通的能力。

5. 信息反馈

教师通过提问可以了解学生对某一方面的知识或某一个问题的理解和掌握程

度，可以了解学生运用知识解决问题的能力。因此，课堂提问是一种最直接、最快捷获取反馈信息的重要渠道，教师可以根据学生的答问及时调整，改进自己的教学方法和调整进度。

6. 创造和谐的教学氛围

提问可以活跃课堂气氛，促进师生之间的情感交流，创造和谐的教学氛围，吸引学生的注意。提问是维持良好课堂秩序的常用手段之一。

4.2.3 提问技能的类型

提问技能由于分类标准不同，可以有不同的分类。我们从认知水平和提问技巧两个方面进行分类。

1. 根据认知水平分类

1) 低级认知提问

低级认知提问用于检查学生的知识，一般只有一个正确的答案。学生用所记忆的知识照原样回答即可，不需要更深入地思考。教师判断学生的回答也较容易，只简单地分为正确与错误。低级认知提问包括知识性提问、理解性提问、应用性提问三种。

(1) 知识性提问是考查学生对概念、字、词、公式、法则等基础知识记忆情况的提问方式。

(2) 理解性提问是用来检查学生对已学的知识及技能的理解和掌握情况的提问方式，多用于某个概念、原理讲解之后，或学期课程结束之后。学生要回答这类问题必须对已学过的知识回忆、解释、重新组合，对学习材料内化处理，组织语言然后表达出来，因此，理解性提问是较高级的提问。学生通过对事实、概念、规则等的描述、比较、解释，究其本质特征，从而达到对学习内容作更深入的理解。在理解性提问中，教师经常使用的关键词是：请你用自己的话叙述、阐述、比较、对照、解释等。

(3) 应用性提问是检查学生把所学概念、规则和原理等知识应用于新的问题情境中解决问题的能力水平的提问方式。在应用性提问中，教师经常使用的关键词是：应用、运用、分类、分辨、选择、举例等。例如，运用所学的历史知识分析陈胜、吴广农民起义的起因。

2) 高级认知提问

高级认知提问是在学生的内心引起新知识的问题。通常不是只有一个正确的答案，学生需在原有知识的基础上，对问题分析、综合、概括等组织加工，才能得出正确的答案。教师判断时，主要根据提问的意图，判断答案是否有道理、有无独创，或者在几个答案中比较哪一个更好些。高级认知提问包括分析性提问、综合性提问、评价性提问三种。

(1) 分析性提问。这类提问是要求学生通过分析知识结构因素，弄清概念之间的关系或者事件的前因后果，最后得出结论的提问方式。学生必须能辨别问题所包含的条件、原因和结果及它们之间的关系。学生仅靠记忆并不能回答这类提问，必须通过认真的思考，对材料加工、组织，寻找根据，解释和鉴别才能解决问题。这类提问多用于分析事物的构成要素、事物之间的关系和原理等方面。在分析性提问中，教师经常使用的关键词是：为什么、哪些因素、什么原理、什么关系、得出结论、论证、证明、分析等。

(2) 综合性提问。在进行综合性提问时，教师需要学会分析综合与推理想象两个方面。①分析综合，是要求学生对已有材料分析，从分析中得出结论。例如，森林对人类有什么意义?破坏森林会造成什么后果?这就要求分析树木的光合作用能给人类提供氧气，保持大气中二氧化碳的平衡，树根有保持水土的作用，森林与人类生活的关系等，从而预见到破坏森林可能给人类带来的恶果。②推理想象，是要求学生根据已有的事实推理，想象可能的结论，也就是由已知推未知。比如，知道亲本的基因型推断后代的基因型及表现型。综合提问的表达形式一般如下：根据……你能想出问题的解决方法吗?为了……我们应该……?如果……会出现什么结果?

(3) 评价性提问。这类提问是一种要求学生运用准则和标准对观念、作品、方法、资料等作出价值判断，或者进行比较和选择的一种提问方式。评论性提问，需要运用所学内容和各方面的知识、经验，并融入自己的思想感受和价值观念，独立思考，才能回答。它要求学生能提出个人的见解，形成自己的价值观，是最高水平的提问。在评价性提问中，教师经常使用的关键词是：判断、评价、证明、你对……有什么看法等。例如，通过《项链》这篇文章的学习，你怎样看待法国各阶层人民的生活?你怎样看待少女贞德的牺牲精神?你是赞成这个结论还是反对这个结论?原因是什么?

2. 根据提问技巧分类

1) 诱导提问

这类提问是启发学生的学习积极性，创设问题情境，使学生形成问题意识，开展定向思维的提问。一般在某个新课题的起始阶段，教师为了引起学生的学习兴趣，进行定向思维，常常使用这一类型的提问，或为学生营造某种学习氛围，又或是将学生的注意力集中到某一特定内容。

2) 疏导提问

这类提问是在学生学习过程中，思路受阻或是偏离正确方向时，教师进行点拨、疏导的提问。

3) 台阶提问

这类提问是将一组提问由简到繁、由浅入深地排列得像阶梯一样，引导学生一阶一阶地攀登，以达到教学目标的提问。设计这种类型的提问，应符合学生的认识规律，即由浅入深、由具体到抽象、由现象到本质、由局部到整体的认识规律。

4) 迂回提问

这类提问也称为“曲问”，即为解决一个问题，折绕地提出另外一个或另外几个问题的提问，这种类型的提问意在增加思维强度，引导学生自己去解决重点和难点，使学生处于主动学习的地位。

4.2.4 提问过程的构成

从教师的最初提问(主问题)，引导出学生最初的反应或回答，再通过相应的师生相互作用，引导出最终希望得到的回答，并对学生的回答给予分析和评价，这个过程称为提问过程。提问过程可分为以下几个阶段。

1. 引入阶段

在即将提问时，教师用不同的语言或方式表示这一问题，可使学生对提问做好心理上的准备。因此，提问前要有一个明显的界限标志，表示将由语言讲解或讨论等转入提问。例如，“同学们，下面让我们共同考虑这样一个问题……”“好，通过上面的分析请大家考虑……”等。

2. 陈述阶段

在引起学生对提问注意之后，教师需对所提问题做必要的说明，引导学生弄清要提问的主题，或使学生能承上启下地把新旧知识联系起来。例如，“你们还记得我们已学过……的知识吗？”“请利用……原理来说明……”此外，在陈述问题时，教师应清晰准确地把问题表述出来。在提示方面，教师可预先提醒学生有关答案的组织结构，如提示以时间、空间、过程顺序等作为回答的依据：“请注意，在回答这个问题时应注意以下几点……”，“对于这个问题的回答请注意教材中所提供的时间顺序”等。

3. 介入阶段

在学生不能作答或回答不完全时，教师可以从以下五个方面帮助或引导学生回答问题：核对并查问学生是否明白问题的意思；学生没听清题意时，原样重复所提问题；在学生对题意不理解时，用不同词句重述问题；让学生尽快做出回答或完成教学指示；提示问题的重点或暗示答案的结构。

4. 评价阶段

教师可以不同的方式处理学生的回答，主要有：教师重复学生的答案；以不同的词句重述学生的答案；根据学生回答中的不足，追问其中要点；纠正错误的回答，给出正确的答案；对学生的回答进行评价；依据学生的答案，引导学生思考另一个新的问题或更深入的问题；就学生的答案加入新的材料或见解，扩大学习成果或展开新的问题；检查其他学生是否理解某学生的答案或反应。

4.2.5 提问技能运用要点

1. 设问得当

1) 趣味性

在设计提问时，教师最好能以学生感兴趣的方式提出问题。设计具有趣味性的问题，能够吸引学生的注意力，引发学生积极思考并主动参与到问题解决中，同时可以使学生从困倦的状态中转入积极的思考氛围。

2) 目的性

教师设计问题时，应该服务于教学目标、教学内容，每个问题的设计都是实现特定的教学目标、完成特定的教学内容的手段，脱离了教学目标、教学内容，纯粹为了提问而提问的做法是不可取的。同时，设问还要抓住教材的关键，于重点和难点处设问，以便集中精力突出重点，突破难点。

3) 科学性

为保证课堂提问的科学性，提问要做到：直截了当，主次分明，围绕问题，范围适中，语言规范，概念准确。

4) 启发性

例如，“养花都需要什么条件？”这样的问题就不如改为“给你一粒花籽，为了能让它开出美丽的花朵，你需要为它创造哪些条件呢？”回答这种问题不仅需要记忆，还需要分析、对比、归纳、综合的能力，无疑会促进学生的创造性思维。

5) 针对性

提问要从学生的实际情况出发，符合学生年龄特征、认知水平和理解能力。有针对性的设问要求：问题的难易要适度，符合学生的“最近发展区”；面向全体学生，使多数学生参与，适当兼顾“两头”，并考虑某些特殊学生的个性特点。

6) 顺序性

顺序性即按教材和学生认识发展的顺序，按由浅入深、由易到难、由近及远、由简到繁的原则对问题设计，先提认知理解性问题，然后是分析综合性问题，最后是创设评价性问题。这样安排提问可以大大降低学生学习的难度，使教学活动层层深入，提高教学的有效性。

2. 发问巧妙

1) 对象明确

提问是要启发大多数学生的思维，引发大多数人思考。教师应该针对不同水平的学生提出难度不同的问题，使尽可能多的学生参与回答，实现全体学生都能在原有基础上有所提高的目的。

2) 表述清晰

发问应简明易懂，并不重复，以免养成学生不注意教师发问的习惯。若某个学生没有注意到教师所提的问题，可以指定另一个学生代替教师提问。如果学生不明白问题的意思，教师可用更明白的话把问题重复一遍。

3) 适当停顿

教师发问后，要稍作停顿，留给全班学生思考的时间，不宜匆匆指定学生作答。

3. 启发诱导

学生回答问题时，教师可抓住以下时机进行启发诱导：

(1) 当学生的思想局限于一个小范围内无法“突围”时。

(2) 当学生疑惑不解，感到厌倦困顿时。

(3) 当学生各执己见，莫衷一是时。

(4) 当学生无法顺利实现知识迁移时。心理学研究表明：只有牢固和清晰的知识才能迁移。因此，教师应在讲授新课前通过提问复习与新课有关的旧知识，并在此基础上，讲授新知识，借以由已知向未知过渡。

例如，在课堂上讲授“轴对称现象”的内容。教师先拿出世界各地的具有轴对称特点的建筑物照片让学生观察，然后提出一个问题："对这些图片你们有什么感受？"学生的答案多是"美呀""壮观呀"等，很难将观察点集中在"轴对称"上，课堂导入不够成功。细究原因，问题就出在教师的提问上，因为教师让学生谈"感受"，问题模糊，学生不知如何回答。如果这样问："在这些图片中，你们发现了什么？"学生可能会从"颜色""形状""结构"等多方面回答。如果再换一种问法："在这些图片中，从建筑物的结构方面，你们发现有什么共同的特点？"这样会促使学生从一张张具体的图片中跳出来，概括出共同的特点——轴对称现象，从而较好地导入新课。

可见，课堂提问如果问得不恰当，学生会被教师的提问弄得一头雾水，不知如何回答，课堂有效的教学时间也被浪费了。

4. 及时反馈

教师对学生回答进行及时的反应和评价，将对学生进一步参与起到重要的作用。当学生对问题做出回答后，教师要处理学生的回答，对学生的回答做出反应评价。学生回答问题时教师要表示注意的态度。静听学生的发言，以表示对学生讲话的重视，否则学生会敷衍塞责，其他学生也不注意这位学生的发言了。

教师要鼓励学生作完全正确的回答。有些学生回答问题的时候不愿多加思考，脱口而出，回答很简单。教师应指导学生如何分析问题，如何解答问题，鼓励他们详细回答。学生回答得正确，教师应给予适当的赞许。学生回答以后，有时教师并不立即说出对与不对，而是让全班学生评价，纠正或补充。学生回答错误，教师不宜训斥嘲笑，应另行指定学生回答，以纠正错误。学生回答不出，教师可提示思路，回忆旧知识或解释题意，启发学生思考。学生若还回答不出，教师可另外指定学生回答，或由教师讲解。对学生回答的反应，应坚持以表扬为主的原则。不仅要充分肯定那些正确的回答，同时对回答有缺陷或不正确，甚至完全错误的，也要分析其中的积极因素，给予表扬和鼓励。

4.2.6　提问技能评价表

提问技能评价表如表 4-2 所示。

表 4-2　提问技能评价表

评价项目	好	中	差	权重
1. 提问的主题明确，与课题内容联系密切				0.15
2. 问题的难易程度适合学生认知水平				0.15
3. 提问有利于学生发展思维				0.10

续表

评价项目	好	中	差	权重
4. 提问有层次，循序渐进				0.10
5. 提问能复习旧知识，引出新课题				0.10
6. 提问能把握时机，促使学生思考				0.10
7. 提问后稍有停顿，给予思考时间				0.05
8. 对学生的回答善于应变及引导				0.10
9. 能适当启发提示，点拨思维				0.10
10. 提问能得到反馈信息，促进师生交流				0.05
对整段微格教学片段的评价：				

4.3 教学组织技能

4.3.1 教学组织技能的概念

课堂教学包含两种活动过程，一种是教学活动，另一种是管理活动。教学活动是教师按照一定的教学思路传授知识、培养能力、发展智力、陶冶情操的活动。管理活动是教师指挥、组织学生参与到教学活动中来，为实现教学目标而做出的种种努力的活动。

教学组织技能是在课堂教学过程中，教师不断地组织学生注意、引导学习、管理纪律、建立和谐的教学环境，帮助学生达到预定教学目标的行为方式。这个技能的实施，是使课堂教学得以有效的动态调控，与教学顺利进行和促使学生思想、情感、智力的发展有密切的关系。一个组织方法得当，井然有序的课堂，学生的注意力集中，教师循循善诱，必然会使课堂教学取得好的效果。

教学组织技能是课堂教学活动的“支点”，它决定了课堂进行的方向。教师和学生都可以参与教学组织，而其中教师在组织行为中起主导作用，占整个课堂组织行为的 95%以上。组织行为贯彻课堂教学的始终，有时可能占课堂上的一段时间，也可能是简单的一两个字，有时也和其他教学行为同时出现。但教学组织技能必须贯穿于整个课堂教学活动的始终。

4.3.2 教学组织的功能

1. 组织和维持学生的注意

在课堂教学中，教师通过实施课堂教学组织行为对教学活动过程组织和引导能唤起和维持学生的注意力；通过实施课堂组织技能对课堂纪律管理以保证良好的课堂氛围，能使学生的注意力不被干扰信息分散而一直集中于教学内容。正确地组织教学，严格地要求学生，对唤起有意注意起着重要作用。它既有利于学生有意注意习惯的养成，也有利于意志薄弱的学生借助外因的影响集中有意注意。因此，教师向学生提出正当合理的要求，建立正常的课堂常规，都有唤起和维持学生注意的作用。

2. 激发学习兴趣和动机

采用多种教学组织形式是激发学生兴趣、形成学习动机的必要条件。在教学中，教师根据学科特点、知识特点和学生的年龄特点，采用不同的教学组织形式，能够调动学生学习的积极性，使他们情趣盎然地参与到教学中来。学生的学习兴趣和学习愿望，总是在一定情境中发生的。离开了一定的情境，他们的兴趣和愿望就会成为无源之水、无本之木。

3. 增强学生的自信心和进取心

在课堂秩序管理方面，采用不同的组织方法对学生的思想、情感等方面会产生不同的影响。当学生出现课堂纪律问题时，是叱责、罚站、加大作业量等给予惩罚，还是分析原因、启发诱导、实事求是合情合理地解决，对学生的近期和长远发展都会产生不同的影响。如果惩罚能激发学生的积极性，促使其奋发努力，可以产生积极的效果；如果惩罚不当，就会增加他们的失败感、自卑感，挫伤他们的积极性，他们还会对教师、家长产生反感。

任何学生都有自己的特点和长处。教师在组织课堂教学的时候，对于个别学生既要严格要求、认真管理，又要看到并肯定他们的长处，因势利导地教育。只有这样，才能逐渐增强他们的自信心和进取心，克服他们的缺点错误，使其向好的方面转化。

4. 帮助学生建立良好的行为标准

良好的课堂秩序，要靠师生的共同努力才能建立。帮助学生履行规则，实现自我管理，树立良好的行为标准，是教师在课堂上对学生进行思想教育的一个重要方面，是课堂组织的任务之一。有时学生的行为并不一定符合学校或社会对他们的要求，尤其是心理发展还不成熟的中小学生，他们的行为或许与学校或社会的要求有差距。这时就需要教师在讲清道理的同时，用规章制度所确立的标准指导他们，培养他们，使他们逐渐懂得什么是好的行为，为什么要有好的行为，形成自觉的行为，养成良好的习惯。

5. 创造良好的课堂气氛

课堂气氛是整个班级在课堂上情绪和情感状态的表现，只有积极的课堂气氛才符合学生求知欲的心理特点。只有师生之间、同学之间的关系融洽和谐，才能促进学生的学习和思维的发展。从教育的角度来看，良好的课堂气氛，是一种具有感染力的催人向上的教育情境，使学生受到感化和熏陶，产生感情上的共鸣。从教学的角度来看，生动活泼的课堂气氛，会使学生的大脑皮层处于兴奋状态，易于全身心地投入学习，更好地建构知识，并且能够使所学知识掌握牢固，记忆长久。

4.3.3 教学组织技能的类型

在国外对课堂教学组织的研究中，从其基本特征出发，可归纳为 10 个行为方面，即行为的作用、方法、活动、题目、认知过程、参加人、时间、陈述、教学辅助和规则确定。在实际课堂运用中，每个行为方面又有各自的构成要素。根据我国的课堂组织情况，我们提出以下几个方面，作为教师课堂教学组织的基本行为。

1. 管理性组织

管理性组织是对课堂纪律的管理。其作用是使教学能在一种有秩序的环境中进行。对于课堂纪律的衡量标准，过去和现在有着不同的看法。以前认为一个班级纪律好坏的基本尺度，是看上课时是否安静。在上课的时候，学生不能有一点声响，连一个图钉掉在地上都能听到声音。而现在，人们主张课堂不能像过去那样令人感到压抑，教师不是独裁者，要充分发挥学生学习的积极性和主动性。课堂是学习的场所，既要使学生生动活泼地进行学习，又要有纪律作为保障。因此，教师在进行课堂管理组织的时候，既要不断地启发诱导，又要不断地纠正某些学生的不良行为，保证课堂教学的顺利进行。

1) 课堂秩序的管理

在课堂上可能会出现迟到、看课外书、做其他功课、交头接耳、东张西望、吃零食等不专心学习的行为。其原因是多方面的，如教师课前准备不足，上课无情绪，讲课时东拉西扯远离主题，缺乏系统而导致学生不专心；或学生考试成绩不理想，同学之间闹矛盾，甚至家庭矛盾等，使学生心情欠佳而不能专心学习；社会的不良影响，使学生对学习不感兴趣、厌学等。有时课程的安排也会影响学生的情绪，如刚上完体育课，就要学生考虑数学、语文等问题，也使学生难以做到精神集中。

要解决这些问题，教师首先必须从关心、爱护学生出发，了解他们的问题，倾听他们的心声，和他们交朋友。然后对症下药提出要求，用课堂纪律约束他们。只有这样，他们才能心悦诚服地听从教师的指导。

教师可用暗示的方法处理一般课堂秩序问题，如用目光暗示，或在暗示的同时配合语言提示：“个别同学刚才恐怕没听见我说的话吧”，“我的话是不是每个人都听到了呢，我有点怀疑。”在这种暗示还不能起作用的时候，教师也常常边讲解边走向不专心的学生，停留在他的身旁或拍拍他的肩膀，以非语言行为暗示或提示，不影响其他学生的学习。也就是说，当个别学生注意力不集中而又没有影响到其他学生时，教师不宜停下来公开批评学生。除了暗示以外，教师还可以采用向其邻近提问、排除干扰注意力的诱因、课后谈话等方法解决问题。

教师在讲授《白杨礼赞》一课时，发现有一位学生在做其他科目的习题，这时，这位教师的处理方法是：

走到做其他科目习题的学生身边，然后向全班学生提问：你见过白杨树吗？能不能给大家描述一下？如果不能，请你读读作者对白杨树的描写。

提出问题后，教师用目光扫视全班，然后再落到该学生身上，拍拍他的肩膀，暗示他回答这一问题，使他集中注意力听课。

在上面这个案例中，教师在课堂上发现个别学生没有集中注意力听讲时，便先提出一个简单的问题，让全体学生思考，然后，教师通过体态语言暗示分神的学生，要求他回答问题，使他意识到自己的不良行为，并将注意力集中到课堂学习中。这种做法是善意的，是尊重学生人格的表现。

2) 个别学生问题的管理

无论课堂规则制定得多么切合实际，教师多么苦口婆心地诱导教育，个别学生也难免会出现一些问题。但是，我们应该认识到，个别学生的不良行为，大多数不是他们道德观念上的产物，不是不可改变的，一般是出于好奇或不正常心理的表现。教师应当创造一种互相信任、自然、亲切的气氛，在没有暴力、厌恶的情况下，对他们施加教育影响。对个别学生的问题，教师可使用以下三种方法。

第一，冷处理，不予理睬。这种方法是当个别学生的不良行为在课堂上出现时，只要不影响大局，不会对他周围的学生造成大的干扰，就不予理睬。在可能的情况下，安排其他学生进行一些有益的活动，抵消他的干扰，如引导学生观察挂图、标本、模型等，或讲述一个生动的事例，用幽默的语言活跃一下课堂气氛等吸引学生的注意。教师可能一时难以接受这种方法。但是，应该认识到，如果教师能学会对不良行为不做出反应，就能更恰当地驾驭学生的课堂行为。教师对个别学生斥责、恼怒等，会使学生认为教师无能为力，反而强化了他们的不正当行为。对这种行为不予理睬，排除了对他的奖赏，使他感到灰溜溜的没有趣味，从而削弱了不良行为。

第二，奖励与不良行为相反的行为。其意思是，教师为有不良行为的学生提供的一种合乎需要的替换行为，这种行为会给他带来一定的奖赏。例如，有的学生在课堂讨论时总爱打闹，影响讨论的正常进行。教师可指定他专门思考一个讨论要点，在小组讨论中发言，或做小组记录等。如果在小组的发言较好，让他对全班讲，并给予表扬和鼓励。如此，使个别学生在不良行为和替换行为之间做出选择，从替换行为中得到心理的满足。为了取得预期效果，对替换行为的奖赏必须是强有力的，足以抵消不正当行为，促使其选择替换行为。

第三，教育与纪律约束相结合。对于一些消极的、严重影响课堂纪律的行为，适当执行纪律约束是必要的。但是对个别学生执行纪律约束不是目的，而是一种教育的手段，是为了能够矫正不良行为。如果在约束之前，帮助学生明辨事理，明白矫正的目标，认识到对他执行纪律是合理的，就可能产生更好的效果。假如一个学生无意或不小心打破了窗子的玻璃，教师对他讲明了利害关系和爱护公共财物的重要性，让他把碎片收拾起来，并适当赔偿损失，学生就会接受纪律要求而没有怨言。在学生明白道理以后，会产生一种内疚感，认识到这是他不良行为所造成的必然结果。苏霍姆林斯基认为："假如你只是从教室的讲台上观察学生，假如学生仅仅因被点名才走近你，假如他跟你的交谈只限于回答你的问题，那么，无论什么心理学的知识也帮不了你的忙。应当像对待同伴和直言规劝的朋友那样跟孩子打交道，同他们一道分享胜利的喜悦和失意的忧伤。"

3) 非正式群体的管理

有一些学生会因为兴趣爱好相似而组成一个个小团体，因为并不是像班级、小组那样正式的编制，因此称之为非正式群体。有时候，非正式群体的行为与学校要求是不一致的，如果这样的群体中再出现几个"刺儿头"，就会非常难以管理，使课堂教学不能顺利进行，让教师大伤脑筋。对于这样的情况，任课教师应该与班主任积极配合，共同努力。一方面全面了解学生情况，耐心做好学生的思想转化工作，避免一味简单粗暴的批评、指责等消极处理方式。另一方面，根据他们的兴趣、爱好、特长、可培养的潜能等，给他们布置一定量的任务(如课外实验、课堂实验的准备工作、小调查等)让其完成，指定"刺儿头"负责，再给予一定的指导，保证任务顺利完成。让学生在实践中体会到成就感和学习的重要性，逐渐改正不足。

2. 指导性组织

1) 对阅读、观察等的指导组织

阅读、观察等是学生学习的一种方法。如何使学生迅速地投入这种学习，并掌握学习方法，需要教师在课堂上不断地进行指导性组织。

在文科教学中阅读是培养学生能力的一个重要方面，在理科教学中也越来越受到教师的重视。学生在没有掌握阅读方法之前，常常是从头读到尾，把握不住重点。教师若采取根据阅读提纲提问的方式加以引导，使学生学会读，读有所得，就能逐步提高学生的阅读兴趣和能力。

观察是持久的注意，是带着观察目的对对象的各方面进行研究。一般地，看一看所学习的对象并不等于观察。在准备让学生观察时，首先要给学生明确为什么要观察，观察什么和如何观察，然后才让学生观察。为了使学生明确观察的目的和观察的对象，常常采取提问的方式，让学生带着问题去观察，在观察中解决问题。

2）讨论或课堂教学的组织

讨论是一种有计划、有组织、学生积极参与的独特的教学方式，在文学、历史、社会学等学科的教学中已被广泛应用，对于自然科学教学中存在的有争论的问题，也是适用的。当课题富有政论性或具有多种答案时，运用讨论的方法最适合。讨论的特点是使班上的每个人都有参与学习活动的机会，促使他们积极思考问题，真正成为学习的主体。在讨论中，每个学生都要认真地思考课题，给予反应，彼此启发，相互补充，对问题作出结论或概括。这样，学生就变成了知识的主动追求者，而不是被动接受知识。在讨论中个人参与交流的程度随分组的大小而定。分组较小，每个成员都有机会发表自己的看法。分组较大，不善于发言者，有可能自动退出讨论。讨论的方式，可根据讨论的目的，班级的大小和学生的能力，采取多种形式，主要有以下几种：

第一，全班讨论。当学生还不能自行领导讨论，或某些问题需要全班一起明确时，可采用全班讨论的方式。在这种形式中，教师是讨论的主持者，提出问题后，发动学生相互交流，教师作为其中一员参加讨论。因此，这种方式能保证交流或争论顺利向着预期的目标进行。讨论的成败，在很大程度上取决于教师启发、引导的能力。其缺点是不能使每个人都有机会发言。

第二，分组讨论。这种形式是把全班分成几个讨论小组，每个组有主持人和记录员。当讨论进行时，教师要一个组一个组地去听取发言，并给予必要的指导。这种类型的讨论，必须限定时间，才能使学生把精力放在主要问题上，不在枝节问题上浪费时间。小组讨论后，每个小组要把讨论情况概括总结，并向全班汇报。

第三，专题讨论。这种形式是选几名学生组成一个专题小组，每个人根据专题讨论的论题从不同方面做发言准备。然后他们在全班发表自己的观点和意见，其他学生要边听边记下每个人发言的要点，准备发表支持或不同的见解。发言结束后，教师引导全班讨论，对选题作出明确的结论。

第四，辩论式讨论。课堂上将对某一问题持相反意见的学生分组，在有准备的情况下，让他们发表自己的意见，阐述理由，批驳对方的观点。采取这种方式时，辩论的题目必须有明确的含义和范围。主持人在开始时要有简短的引言，结束时要进行总结。总结要充分肯定辩论的成绩，指出不足之处，对于结果有时可不做结论。

对于讨论指导的要求是：①论题应具有两个以上的答案，即没有简单现成的答案，要达到这一点，教师必须对论题进行深入的揣摩。②论题要能够引起学生的兴趣，来源于他们所熟悉的，但又不十分明了的问题。③为了使讨论顺利进行，要给学生适当的时间做准备。在讨论中要善于点拨和指导，使所有人都参与讨论。④要制定应该遵守的规则，以防乱吵或把争论变成个人冲突。

3. 诱导性组织

诱导性组织是在教学过程中，教师用充满感情、亲切、热情的语言引导、鼓励学生参与教学过程，用生动有趣、富有启发性的语言引导学生积极思维，从而使学生顺利完成学习任务。其方式有以下几种。

1) 亲切热情鼓励

这种组织方式，既适用于好学生，更适用于成绩较差或不善于表达思想的学生。例如，教师在让学生回答问题时，后两类学生一般都比较紧张。这时教师应该用亲切柔和的语调告诉他们："不要慌，胆子大些，错了没关系。"当学生回答得不准确或词不达意时，教师应首先肯定他们的优点及正确的回答，然后鼓励说："我知道你心里明白，就是语言还没组织好。"接着给予适当的提示，使他们能较好地表达自己的思想。对于不能回答问题学生，要比较委婉地处理。比如说："如果你再仔细考虑一下，我相信你能回答这个问题，请坐下再考虑一下。"经过这样不断地鼓励和引导，他们一定会积极参加到教学过程中来。当他们正确地回答了问题时，教师应该用高兴的语气给予表扬，鼓励他们继续进步。在教师亲切热情的诱导下，学生会乐于接受教师的指导，顺利完成学习任务。

2) 设疑点善激发

激发学生产生疑问，引起学习的欲望，是调动学习积极性，深入思考问题的一种好办法。首先，教师要善于提出问题。特别是对于一些重要的教学内容，而学生的理解又比较肤浅时，要激发学生产生疑问。当学生要求解决矛盾的积极性被调动起来之后，紧接着是使学生会思考，学会运用科学的思维方法去求得矛盾的解决。应注意的是，教师启发学生学习，是引导不是生拉硬拽，是激发不是压抑，是诱导不是代替。也就是说，教师除了通过提问激发学生学习的积极性之外，还要启发诱导使其掌握科学的思维方法。所以，在课堂教学组织中，教师不是生硬地灌输知识，也不是代替学生思考，把结论灌输给学生；而是积极启发诱导，使学生沿着一条思维路线、科学正确地得出结论。如下面的例子：

教师在讲授种子中含有水分这一实验结论时，是通过实验的方法来进行的。如何使学生从个别实验结果推导出一般的结论——种子中都含有水分呢？当实验结束时，教师提出了以下问题对学生的思维进行激发：

教师：在实验中你们观察到了什么现象？

学生：试管壁上出现了水珠。

教师：水珠从哪里来的？

学生：是小麦种子受热后散发出来的。

教师：这说明了什么？

学生：说明小麦种子里含有水分。

教师：对啦。这个实验只能说明小麦种子里含有水分。其他植物种子里是否含有水分，还要通过实验证明。科学家们进行了大量的实验，证明了植物种子里都含有水分，才得出“水分是组成植物种子的一种成分”的结论。

在这个案例中，教师通过层层设疑，不断对学生启发诱导，激发学生的思维，使学生沿着科学的思维路线得出正确的结论。这种方式就比直接将结论告诉学生更能调动学生的学习积极性，并能培养学生科学的思考方式。

4.3.4　教学组织的原则

根据学生心理发展的特点及课堂教学任务的要求，教师要使课堂形成融洽的气氛，培养学生良好的品质和习惯，应注意以下几项基本原则。

1. 明确目的、教书育人

育人是课堂教学的重要任务。通过教学组织，使学生明确学习目的，热爱科学知识，形成良好的行为习惯，是教学组织技能的特有功能。在各科教学中，都渗透着大量的德育因素，在传授科学知识时对学生进行学习目的等思想教育，最有吸引力和说服力。同时，在教学中教师严谨的治学态度，精湛的教学艺术，高度的责任感，对学生都有言传身教、潜移默化的作用。这些不仅会影响到学生的学习态度，而且会影响到他们的纪律行为。

2. 了解学生、尊重学生

每个学生都有自己的兴趣、爱好和个性特点。在课堂上，教师只有了解学生，才能根据每个学生的不同特点，提出不同的要求，用不同的方法教育和管理。例如，对于不善于控制自己的学生，要多督促与指导，帮助他们从小事做起，逐步学会管理自己；对于身体欠佳或有思想情绪的学生，要采取提醒、鼓励的方法。在对学生管理的时候，要尊重他们的人格，坚持正面教育，以表扬为主，激发积极因素、克服消极因素。因此，有经验教师发现学生注意力不集中时，不是斥责、挖苦讽刺，而是通过多种方式给予暗示或引导，即使对个别学生，也不在课堂上在全班同学面前怒斥他，而是课上冷处理，留有余地，课下再解决问题。要想了解学生，就要以平等的姿态和学生多接触，把学生当成朋友一样多交心，遇到问题多从学生的角度思考，才能看到他们的真实情况，听到他们真实的声音。

3. 重视集体、形成风气

集体的舆论是公正的、有威力的。良好的课堂风气一旦形成，可使学生在集体中得到熏染和教育。先进班主任刘纯朴认为，他的班里有一种特别的空气，这种空气就像雨后田野上的春风，清新、温暖、令人振奋。那些不守规矩的孩子一走进那个教室，就情不自禁地有所顾忌和收敛，受熏陶的时间久了，就逐渐被教育和转化过来。

集体的精神世界和个体的精神世界是相互影响的。每个人从集体中汲取有益的东西，从集体中得到关心和帮助，在集体的推动下不断进步。每个人丰富多彩的精神世界，又使得集体生动活泼，显示出无限的生机。

4. 灵活应变、因势利导

教育机智是指教师对学生活动的敏感性，以及能对学生所发生的意外情况灵活而快速地做出反应，及时采用恰当措施给予引导。其主要体现在机敏的应变能力，因势利导地处理问题，把不利于课堂的学生行为引导到有益学生或集体活动方面来，恰到好处地处理个别问题。或根据实际情况，灵活地运用多种教育形式和方法，有针对性地对学生进行教育。

5. 不焦不躁、沉着冷静

遇事不焦不躁是教师的一种心理品质。它是以对学生的热爱、尊重与理解及高度的责任感为基础的。只有这样，教师才能公正地对待每一个学生，尊重和维护学生的自尊心，耐心地引导他们学习。也只有这样，才能在遇到意外情况时沉着冷静，不为一时的感情所冲动。处理问题时，随时意识到自己对社会、对学生所承担的责任，考虑自己的行为后果，从教育的根本利益和目标出发，处理好所面临的各种复杂的、棘手的问题。

6. 要求合理、发扬民主

教师在一开始时总会在学生之中有一定的权威，这是建立在学生对教师职业一贯尊重与信任的基础上的。如果滥用这种权威，必然会使教师的威信荡然无存，教学的组织工作也将陷入困境。因此，教师在教学工作的起始阶段，就要维护好、使用好自己的威信。教师应当利用权威提出合理的教学要求，建立必要的制度。所谓合理就是对学生既不过分严厉，使学生疲于应付，也不过分宽松而达不到管理的目的。

4.3.5　教学组织技能评价表

教学组织技能评价表如表 4-3 所示。

表 4-3　教学组织技能评价表

评价项目	好	中	差	权重
1. 语言恰当，要求明确，控制教学效果好				0.15
2. 组织引导方法得当				0.15
3. 能使学生始终处于积极状态				0.15
4. 及时运用反馈，调整教学好				0.10
5. 控制教学进度，时间掌握好				0.10
6. 组织管理中能体现尊重学生				0.10
7. 组织教学的方式灵活多样				0.10
8. 面对各种情况，善于应变				0.05
9. 处理少数和多数、个别和一般学生的策略方法得当				0.05
10. 教学进程自然，师生相互合作好				0.05
对整段微格教学片段的评价：				

4.4　变 化 技 能

4.4.1　变化技能的概念

变化技能，是教师在教学过程中，通过变化教学媒体，变化师生相互作用的形式，以及变化对学生的刺激方式，引起学生的注意和兴趣，减轻学生的疲劳，使学生的注意力集中到研究对象上来，维持正常的教学秩序，提高教学效率的一类教学行为。

教学不仅是一门科学，也是一种艺术。变化技能在丰富教学过程、激发并保持学生兴趣等方面有独特的作用。在教学领域，研究、掌握和运用变化技能，有助于创造良好的教学氛围，使教学充满生气，有利于提高教学效率，圆满完成课堂教学任务，进一步提高课堂教学质量，也是形成教师教学个性与风格的主要因素。

“文似看山不喜平”，教学和写文章一样，不能平平淡淡，否则会让人感觉索然无味。学生在单调的环境中学习的时间越长，越容易感到厌倦和烦闷，单调的刺激会使学生疲劳，分散注意。一个有经验的教师，能够运用变化技能，通过语言的、情感的、教态的、媒体的变化，随时给学生以新的刺激，不断激发学生学习的兴趣，调整和控制学生学习的注意力，这是顺利进行教学，完成教学目的的基础。

4.4.2 变化技能的功能

1. 调节课堂氛围，唤起并保持注意力

教师运用变化技能，可以创造良好的学习氛围，使课堂教学气氛有时严肃紧张，有时轻松活泼，把学生的注意力始终集中到教学上来，使其完全沉浸于教学的意境之中。

当讲到重点、难点或关键问题时，或当学生的注意力不大集中时，教师采用一定的方式强调、提醒，可以唤起学生的有意注意，使他们有明确的注意方向。

2. 引起兴趣，激发求知欲

学习兴趣，是学习动机中最基本、最活跃的因素。在教学过程中，不断地变化教学方式，可以引起学生的学习兴趣，使学生总是处在高涨激动的情绪中，全神贯注地学习和思考。教师运用变化的技能，还可以唤起学生的学习热情，启发学生的思维，活跃教学气氛，培养良好的学习风气。

3. 多感官刺激，兼顾不同认知特点的学生

学生的认知特点是有差别的，因而在课堂教学中应区别对待，因材施教，才能在不同层次上调动学生学习的积极性和主动性，有利于全面提高教学质量。

不同的学生对同一信息的认知水平和接受能力不同。例如，有些学生对听觉的信息较为敏感，而有些学生却对视觉信息更为敏感，有些学生对抽象的言语表达具有较好的理解力，而有些学生则需要通过具体的实物展示才能理解教学内容。因此，在课堂教学中通过变化信息传输的方式，刺激学生的多种感觉通道，能照顾到学生不同的认知特点，使学生更好地理解和领会教学内容。

4.4.3 变化技能的构成要素

教师在课堂上所采用的变化方式，有的是在课前设计好的(如对重点、难点、关键点及抽象知识的剖析)，有的则是在教学过程中，根据从学生那里获得的反馈信息而采取的灵活的变化。变化技能的构成要素有以下几点。

1. 预先准备

教师要改变教学方式(尤其是有计划地改变教学方式)时，在变化前应事先做好

准备，使变化的出现流畅、自然，而不是突如其来的。这样，教学活动的连续性和一致性就不会被割断，也不会分散学生的注意。

2. 变换方式

根据教学内容和学生听课情况，采用各种变化的方式向学生传递信息。变化的方式可以是预先准备好的，也可以是教师根据要达到的目的由教师在课堂教学中临时做出选择。例如，为了引起学生的注意，采用停顿、手势、目光接触等方式；为了充分调动学生的多种感觉通道，帮助学生领会学习内容，采用多种媒体传递教学信息；为了活跃课堂氛围，变化教学方式和师生角色，调动学生的积极性。

3. 师生交流

不论教师在课堂上采用什么样的变化方式，都必须得到学生的回应。在进行变化时，要注意学生的反应，一定要有并适当加强师生间的交流。只有这样，才能使变化发挥应有的作用，达到预期的目的。

4.4.4　变化技能的类型

课堂教学中的变化技能大体可以分为语言的变化、教态的变化、教学媒体的变化、师生交流方式的变化四种类型。

1. 语言的变化

语言的变化包括语调的高低变化、音量的大小变化、语速的快慢变化及语言的节奏变化等。语言的变化对吸引学生的注意力具有非常重要的作用，它可以使教师的讲解具有强烈的吸引力或趣味性，使教学重点更加突出；也可以使不注意听讲或影响别人听讲的学生，尽快扭转视线，安静下来。

为了让学生安静下来，或在重要和关键的问题上抓住学生，有经验和无经验的教师往往在语言变化的处理上是大不相同的。我们在课堂上有时能听到教师这样说："请同学们安静下来！""不要再讲话了！""现在注意听讲！""请同学们不要再动了！"。这些话往往不仅不能让教室安静下来，相反还会打乱学生听课的思路，转移注意力，影响学生学习的热情，甚至会降低教师的威信。有经验的教师则是利用语言的变化吸引学生，例如，利用语调的高低变化，控制音量的大小，调整语速的快慢或突然停顿等，创造一种新的学习气氛，调动或唤起学生的注意力，使学生同授课教师的思路保持一致。

1) 音调的变化

音调是指声音的高低。音调的高低变化是指讲话时声音的高低起伏、抑扬顿挫的变化。这是教学语言优美动听的重要基础之一。音调的变化一般包括三个方面：一是高低相间、错落有致，以全班学生都能清晰入耳为准；二是要在高亢、抑郁、平缓、变换这四种语调类型中根据情境和教学需要进行恰当的选择；三是声调要亲切、柔和、富有音韵感。

2) 音量的变化

音量是指讲话时声音的大小。音量的大小需根据教学内容以及教室环境的状况而变化。当所要讲述的内容需要提醒学生注意时，可将音量提高，当叙述一般的内容时，可将音量适当减小。当某种外界环境干扰了学生的注意力，影响了学生正常听讲时，可将音量适当增大，以便引起学生的注意，使讲课能正常进行。

3) 语速的变化

语速的快慢变化很重要。在正常的情况下，教师讲课的速度应保持在 200 字/分钟左右。但在特殊情况下，教师应把讲课的速度放慢或加快，以便引起学生的注意，加深学生的印象。例如，向学生提出某一问题时，教师就应该以较慢的速度把问题说出，让每一名学生都能听清楚教师问的是什么，当教师进一步说出“这是为什么”几个字时，则应更慢。这样可以让每一名学生都进入思考状态。

教师在讲课时，除了注意语调的高低、音量的大小和语速的快慢变化以外，还要注意讲课的节奏。特别是语音的长短变化和语句间的停顿。也就是说，讲话要有张有弛。尤其是在难点比较集中的课上，语句间的停顿非常必要。这种停顿变化的刺激有利于引起学生的注意，并给学生以思考的余地，可使学生在平静的气氛中迸发出思维的火花。

4) 短暂停顿

停顿是一种特殊的声音变化，是指在讲课过程中，声音突然消失。教学过程并不是一个从头到尾都必须由语言填充的过程，在必要的时候短暂的停顿也是一种有力的教学行为，它能使学生迅速将注意力转移到教学内容上，具有较高的警戒和集中注意的作用。但是，停顿时间一般在 3 秒左右为宜，时间过长则既浪费教学实践又会使学生难以忍受。恰当地使用停顿和沉默并与声音变化结合起来，会使人感到讲解富有节奏而不觉枯燥。

以上简单讲了运用语言时语调、音量、语速和停顿的变化。教师在讲课时正确运用这些变化，会使语言简洁、流畅、生动而有特色。

2. 教态的变化

教态的变化是指教师的表情、动作、身体姿态以及身体移动等方面的变化。它是教师在运用语言教学时情感的自然流露，是有声语言的补充和延伸，是教师教学热情和感染力的外在体现。它可以传递丰富的教学信息，唤起学生的注意力，加深学生对知识的理解和掌握。教态变化不需要任何辅助工具就可以实现，因此是课堂教学中最基本、最常用的变化方式。

教态的变化包括情绪和态度的变化而引起的表情的变化和目光接触的变化、头部动作变化、手势的变化、身体位置的变化组成的动作变化。

1) 表情的变化

表情的变化主要是指教师面部表情的变化。面部表情是情感的流露，而情感是开启学生心灵智慧的钥匙。在教学中，师生情感的交流是形成和谐教学气氛的重要因素。因为情感具有动力作用，它是课堂教学得以顺利进行的必要因素之一。教师利用面部表情的变化传递情感主要表现在喜、怒、哀、乐及其眼神的变化上。例如，教师面带微笑走进教室，学生会从教师的微笑中感受到教师对他们的关心、爱护、理解和友谊。相反，教师带着沮丧的或是满脸怒色的表情出现在学生面前，学生会感到吃惊而不知所措。教师眼神的变化是面部变化的精髓，因为眼睛是心灵的窗口，它是师生感情交流的重要方式。在教学中，教师应多利用目光的接触与学生增加感情上的交流。教师在讲授教学内容时，眼睛应注视着学生，这样才能使学生感到亲切。教师的目光与学生目光的接触应不断变换，从全班到部分学生，从某一名学生转移到另外一名学生，与每一名学生都有目光接触的机会，使学生对教师的信任感增加，进一步使学生喜欢教师，喜欢上课。教师对学生的目光接触不是随意的，教师应该从与学生的目光接触中获得信息反馈，观察学生是否在注意听讲，对讲解的内容是否感兴趣，是否理解了讲解的内容。在对学生提问时，教师要用目光注视学生，使学生从中得到鼓励，树立回答问题的勇气和信心。在教学中，特别是在讲解或提问中，教师的目光不能游移不定，一会儿看天花板，一会儿看窗外，一会儿又看自己的衣服，这对师生之间的交流是十分有害的。

教师在批评学生或鼓励学生时，目光接触也是非常重要的。眼神可以直接表现出批评或表扬，期待或鼓励，疑惑或信任，暗示或警告。教师与学生目光接触运用得好，会收到语言所不能达到的效果。

2) 动作的变化

动作的变化包括头部动作、手势和在教室中的移动等。

教师的头部动作是同教师的讲解以及学生回答问题分不开的，它同样是与学生交流情感的一种方式。当教师讲到知识的重要处，头部总要做出相应的动作反应，如头部短暂的静止、侧偏等，以便唤起学生的注意。当学生回答问题时，头部侧偏，双目注视对方，表现出认真倾听状，使学生感到教师不仅在认真听，而且表现出关注，从而更加乐意回答问题。教师的点头、摇头等动作，可以表示出教师对学生回答问题的各种不同反应，促使学生在回答问题的过程中及时做出调整，或因得到教师的及时鼓励而使问题回答得更顺利。

手的运动也称手势，它是师生之间非语言交流的一种重要途径，传递着丰富的教学信息。首先，手势是语言讲解的重要辅助手段，手势配合言语，能够帮助学生更好地理解某一教学内容。借助手势，教师可以比划物体的大小、形状，暗示运动的方向、升降等。其次，手势还能够指明教学的重点，表示强调。例如，教师用手指向黑板的某一部位吸引学生的注意，突出教学重点。总而言之，手势是一种重要的变化技能，手势运动得当，能够使教师的教学如虎添翼，使课堂教学锦上添花。

教师在教室中通过走动变换师生之间的空间距离，是变化技能的重要组成成分。在教学过程中，教师可以根据教学的需要，恰当变换自己在教室中的位置，达到教学的某种目的。教师的走动包括从讲台的一侧走到另一侧，使学生能看到黑板的各个部分。另一种是从讲台上走下去，走到学生中间去，比如，学生回答问题、做练习、讨论、做实验时，教师在学生中间走动，从讲台上下来，走到学生中间缩短了教师与学生之间的空间距离，使学生从心里感到与教师接近。因此，教师走到学生中间可以密切师生关系，利于师生间感情的交流；在走动中，教师还可以对学生进行个别辅导，解惑答疑，检查和督促学生完成学习任务。

3. 教学媒体的变化

实践证明，人类获得外部的信息是通过自身的感官完成的。而各种感官所获得知识的效率也不相同，如果在教学中，教师始终运用同一信息载体作用于学生的同一感官，学生必会感到疲劳。在教学中运用多种媒体，适时适量地变换信息传输通道，使学生的不同感官交替发挥作用，才能有效地传递教学信息，提高课堂教学质量。教学媒体的变化技能要求教师能根据教学内容的需要适时地变换使用信息传输的媒体。信息传输的媒体包括视觉媒体、听觉媒体、视听媒体及计算机多媒体。每一种媒体都有特长，教师应根据教学内容的特定性及教学目的，恰当选择教学媒体，使学生对教学内容的领会和理解达到最大化。

4. 教学方法及师生互动方式的变化

在长期的教学中，大家逐渐认识到，那种单一的教师讲、学生听的教学方式，会严重抑制学生的学习兴趣和学习的主动性。而教师将讲授法、谈话法、讨论法、自学辅导法、练习法、游戏法等有机结合，变换运用得当，会有力地激发学生学习的兴趣，使学生的学习始终处在最佳状态。

教师除了运用各种教学方法教学外，还要加强师生之间的交流和互动。师生互动方式包括认知互动、情感互动、单向交流、双向交流及多向交流等。一位优秀的教师总是能根据教学内容及教学目的，适时恰当地使用多种师生互动方式，既增强课堂教学的气氛又加强师生之间的交流和沟通，提高增强学生学习的积极性和能动性。

4.4.5　变化技能的应用要点

运用变化技能要注意以下几个要点。

1. 要符合教学目标

在课堂教学时，要根据教学的需要和学生出现的情况，针对不同的教学目标运用变化技能。不能脱离开教学的主题，单纯追求形式的变化。

2. 要有针对性

教师在课堂教学中运用变化技能，必须同课堂气氛、教学情境以及学生的具体情况协调一致。运用变化技能要因人、因事、因时而异。教师只有采用不同的、有针对性的变化技能，才能取得理想效果。

3. 要注意教学的连续性

变化技能的运用不能呈跳跃式，不能太突然。同一变化技能在同一堂课上不能过于频繁地使用，不同的变化也不能运用过多，过多的变化会使教学杂乱无章，甚至有可能互相干扰，分散学生的注意力。

4. 注意控制变化的程度

教师运用变化技能，不仅在方式上要有所选择，在程度上也要有所控制，要做到恰当、适度，因为不同的变化技能具有不同的作用，同一变化技能运用的程度不同，其作用也会有一定的差别。所以，运用变化技能必须把握好分寸，以师生沟通的最佳效果为“度”。

4.4.6 变化技能评价表

变化技能评价表如表 4-4 所示。

表 4-4 变化技能评价表

评价项目	好	中	差	权重
1. 能引起注意，有导向性				0.10
2. 能强化教学信息传递				0.10
3. 能有效激发学生兴趣				0.10
4. 声音节奏、强弱变化适当				0.15
5. 手势、动作变化自然得体				0.15
6. 变化教学媒体，课堂生动活泼				0.15
7. 师生相互作用变化				0.15
8. 面对突发情况，能应变自如				0.10
对整段微格教学片段的评价：				

4.5 结 束 技 能

4.5.1 结束技能的概念

结束技能，是指在完成了某部分预设的教学内容或活动时，教师利用课堂教学时间对该部分的知识进行归纳总结，并予以升华或延展的教学行为方式。结束技能通常应用于一节课的结尾或完成了一章、一节或某一知识点的教学内容时，是教师必备的重要教学技能之一。结束技能的应用过程一般是应用归纳总结、实践活动等方法对所学的知识和技能进行及时的总结、巩固和应用，使新知识纳入到学生原有认知结构中。

一堂生动活泼的具有教学艺术魅力的好课犹如一支婉转悠扬的乐曲，“起调”扣人心弦，“主旋律”引人入胜，“终曲”余音绕梁。在课堂教学活动过程中，导入是“起调”，结束是“终曲”，完美的教学必须做到善始善终，因此，结束技能与导入技能一样，是衡量教师教学艺术水平的重要标志之一。

4.5.2 结束技能的功能

结束是一堂课的收尾，在课堂教学中扮演着十分重要的角色，发挥着举足轻重的作用。其主要功能概括起来有以下几点。

1. 及时巩固所学知识

学习内容的巩固和强化，需要有效的记忆。记忆是复杂的过程，艾宾浩斯的记忆遗忘曲线表明，遗忘是“先多后少，先快后慢”的，记忆的时机和方法应符合记忆的规律，主动对记忆的内容联想和积极回忆是提高记忆效率的关键所在。一堂课的结束环节实际上也就是对该节课教学内容的再现过程，是一种及时记忆，它比课堂教学结束几小时后再回忆要有效得多。同时，由于结束环节的时间有限，教师一般通过总结归纳提纲挈领地对该节课的重难点内容提炼，这样势必有助于学生更好地对教学内容梳理和理解，同时能加深记忆，便于学生巩固强化所学的知识。

2. 总结、整理教学知识要点

在课堂教学结束前几分钟，由于时间的限制，教师不可能把本节课的所有内容重新复述一遍，通常的做法是对课堂教学内容高度概括总结、浓缩提炼，重申本节课的知识要点，揭示本节课的重点、难点。因此，课堂教学的结束环节有助于学生理清知识脉络，明确知识的核心问题，使知识条理清晰，帮助学生更好地理解和掌握教学内容。

3. 建立系统化的知识体系

在结束阶段，教师往往不仅仅是就本节课的知识要点归纳总结，通常还会通过比较异同、举一反三以及触类旁通、由此及彼等方法把本节课的知识与学生原有知识进行联系，由此建立起新知识与学生原有知识之间的关系，将新知识同化到学生已有的认知结构中，使新旧知识系统化，形成一个系统的、纵横交错的知识体系和网络。事实表明，有序、结构化和系统的知识更便于检索和提取，而孤立零碎的知识却更容易遗忘和混淆。因而，在一节课的结束环节对教学内容适当地总结、对比、拓展和升华，有助于学生系统化知识体系的建立。

4. 提供教学反馈，检查教学效果

在一堂课的结束环节，教师有时会通过提问、联系、测验和学生口头总结等方式了解学生对学习目标的达成状况。通过提问、练习、测验等方式结束课堂教学可以使教师获取教学效果的反馈信息，以便从中发现问题，及时调整教学策略。同时，学生也可以通过练习和回答问题了解自己的学习结果情况，以便及时调整学习策略或采取相应的补救措施。因此，一个有经验的优秀教师在课堂教学结束时采用相应的结束技能结束课堂教学(简称结课)，有助于获得反馈信息，及时检查教学效果。

5. 培养学生解决问题的能力

教师在课堂教学的结束环节采用提问、练习等方式结课，给学生提供了运用所学的新知识解决问题的机会，学生回答问题或完成测验的过程既是解决问题的过程也是知识迁移的过程，因而，在教学活动结束环节运用恰当的结束技能能培养学生

解决实际问题的能力，顺利实现知识的迁移。

6. 为后续教学内容做铺垫

通常，每一门课程都是由许多章节构成的自成体系的完整系统，而一个相对完整的教学内容往往需要由几节课的教学完成，所以，它要求教师应充分考虑每节课与下一节课之间的内容衔接，这种衔接通常发生在上一节课的结束环节。在一节课的结束环节，教师不仅对本节课的内容进行小结和概括，有时还需要为下节课创设教学情境，或给出下节课的教学主题，或设置悬念以引起学生对下节课的期待，这一类的结束教学行为为以后的教学内容做好了铺垫工作，在课与课之间起到了承前启后的作用。

4.5.3 结束技能的构成要素

由课堂教学结束环节的一般步骤可知，结束技能的构成要素主要包括提供心理准备、简单回顾、提示要点、巩固练习、拓展和延伸五个部分。

1. 提供心理准备

提供心理准备是课堂教学结束环节的首要步骤，一般而言，教师在结束环节总是首先通过语言向学生表明“我们这节课的教学内容就是如此了”，使学生做好总结归纳的心理准备，吸引学生的注意，使其精力高度集中，随之就进入到结束环节。常见的提供心理准备的结束语有：“这个新知识就学到这里，现在我们共同把重点做一个总结”、“让我们公共解答以下问题，作为今天学习内容的结束”、“今天的课就上到这里，下面让我们一起回忆一下本节课的主要内容”等。在真正开始结束环节之前的半分钟之内为学生提供结课的心理准备，有助于吸引学生的注意力，顺利进入到结束环节。

2. 简单回顾

简单回顾，是指教师利用课堂教学的结束环节，对该节课所传递的教学内容进行标题式的回顾，以便学生理清认识思路。这是结束环节中的铺垫部分，也是使用得最多、最普遍的方法。简单回顾环节一般耗时不多，主要以教师的表述为主，用简洁的语言，紧紧围绕课堂教学的中心内容梳理，使学生对教学内容有一个整体的印象，为帮助学生形成知识系统或实现知识条理化打下基础。

例如：一位历史老师在讲授完《第一次世界大战》这一节的内容后，这样进行课堂教学结束：这节课的主要内容可以简单地小结为一、二、三、四、五。一个原因——帝国主义为重新瓜分世界争夺霸权的斗阵；两个侵略集团；三国同盟和三国协约；三条战线——西线、东线和南线；四大战役——马恩河战役、凡尔登战役、索姆河战役和日德兰海战；五个年头——从1914年到1918年。

教师利用几个数字，对本节课的教学内容进行了提纲挈领式的概括，简单明了，给学生留下清晰的印象。

3. 提示要点

提示要点是指教师在课堂教学的结束环节中，主要就该节课教学中的重点、难点部分做进一步的说明，强调重要的概念、事实和规律。提示要点与简单回顾是不同的，简单回顾重在知识的梳理，提示要点则重在突出重点，升华知识的掌握。教师可以采用比较、提问等方法予以实施。

4. 巩固练习

巩固练习是指教师运用精心设计的练习题，通过学生的具体运用和实践活动，巩固课堂教学传递的知识。结课中练习题设计应讲究“巧练”，不求多，但求精。同时，教师除了精选练习题外，还应尽量设计一些富有情境性的练习，引导学生把所学的知识应用到实际的情境中，提高学生分析问题和解决问题的能力。同时，通过练习，方便学生自我检测听课的成效，及时反馈课堂教学效果，有利于教师调整教学目标和进程，改进教学方法。

5. 拓展和延伸

拓展和延伸是指在明晰了该节课所传递的教学内容的基础上，教师利用课堂教学的结束环节，对教学内容进行必要延展的教学行为。其主要目的是开阔学生的视野，拓展学生的思维，引导学生将学习的结果向课外延伸，帮助学生“得法于课内，学法于课外”。

例如，一位小学科学课教师在《叶的蒸腾作用》一课的课堂教学结束环节中，给学生提了这样的问题结束教学：“寒冷的冬天快来了，大部分树木的叶子落了，这样树木就能减少蒸腾，保持体内水分，顺利度过寒冷干燥的冬季。那么你们课后观察观察，落在地面上的叶子，是背面朝上的多，还是正面朝上的多？然后再想想为什么？”

这个问题既能帮助学生更深入地理解所学的知识，而且能激发学生探索自然的兴趣，使课内的知识有机地向课外延展。

4.5.4 结束技能的类型

结束技能的类型主要有两种形式，封闭型结束和开放型结束。

1. 封闭型结束

封闭型结束又称为认知型结束，其目的是巩固学生所学的知识，把学生的注意力集中到课程的要点上。该类型技术技能的通常做法是，在将要结束课堂教学时，教师及时地引导学生回忆、归纳和总结所学的知识内容，将教学内容的要点、重点和难点再次呈现给学生，使教学内容简明化、条理化、清晰化和系统化，将知识内容以最简便的方式同化到学生原有的认知结构中。在总结时可以让学生根据板书内容进行回顾小结，也可以将教学要点重新书写在黑板上或通过投影展示。总结的过程一般是在教师的引领下全班同学共同回忆总结，注重学生的积极参与，充分发挥学生的思维能力。总之，封闭型结束技能的目的是通过结束环节的归纳总结得出明确的结论。在具体实施时，又可分为系统归纳式、比较异同式、活动练习式、自然结束式。

1) 系统归纳式

该结束方式是指教师就课堂教学的主要内容归纳、概括和总结，是教师最常用的一种结束方式。但是要注意的是，归纳式总结不是对课堂所讲授的内容的简单重复，而是对该节课内容的重点、难点和知识体系强调性的重复，重在对知识的整理和概括，话语要简洁明了、高度概括、重点突出。归纳式结束方式适用于概念、内容较多的课堂教学，该方法能迅速指明重点，节省时间，易于控制。它要求教师对所传递的知识要有学科的整体意识，明确学科知识的重点、难点和关键点，以及学生掌握该学科知识容易发生的普遍问题，使得归纳式结束给学生留下深刻的印象，具有画龙点睛的功效。因此，准确、明了、具有一定的启发性是归纳式结束方式所要追求的准则。根据在实践中归纳式结束方法的具体实施办法，又可将归纳式结束技能分为以下三种：

(1) 教师口头归纳。该方法是教师用高度概括的语言进行课堂教学内容的总结。如在讲授完《苏州园林》一文时，教师采用口头语言对教学内容总结归纳结束：

通过以上分析，我们可以清楚地看到，作者写这篇说明文，首先是抓住苏州园林的共同特征——务必使游览者无论站在哪个点上，眼前都是一幅完美的图画。先总写，后分写，写了四个讲究，三个注意。亭台轩榭的布局自然成趣，假山池沼的配合巧夺天工，花草树木的映衬着眼画意，远景近景的层次幽深清晰。每个角落巧做点缀，具有图画美；每扇门窗具有图案美，每根梁柱乃至墙壁设色淡雅，具有协调美。苏州园林到处都呈现出自然美、和谐美，因而使人觉得如在画中。作者就是这样，由总说到分说，由概括到具体，由主要到次要，从以上七个方面说明苏州园林处处画的特征。明白了吗？

(2) 教师提问、学生回答。该方法的操作程序是，教师将课堂教学内容的要点转换成问题的形式向学生提问，学生对问题回答总结。所提的问题主要为：本节课学习了哪些知识？你认为哪些知识是最重要、最关键的？你觉得这节课掌握得最好的知识有哪些？还有哪些疑难问题需要提出来讨论？如教师在讲《人类的出现》时，是这样向学生提问结束的：

教师问：人类发展第一阶段——古猿开始从猿的系统中分化出来，是在第二纪的第一个时期，即距今 3000 万到 1000 万年的时期内。那么，猿人、古人、新人又分别于什么时期出现呢？请大家从具体的时间发展上概括出一个观点，用一段话表达。

学生答：人类的发展开始比较缓慢，越到后来发展越为迅猛。他的发展不是等速运动，而是类似一种加速运动，即越到后来前进的速度越是成倍地加快。

再如，教师在讲授完《少年闰土》一文时这样结束教学：

教师问：少年闰土给我们留下了什么印象？

学生答：活泼可爱、聪明能干、知识丰富的农家少年

教师问：作者抓住他的什么特征来描写的？

学生答：外貌、语言、行动等。

教师提问、学生回答的结束方式能充分调动学生的积极性，帮助学生积极回忆和思维，有助于学生对教学内容的掌握。

(3) 板书结束。在一节课终结前教师将本节课的重点以板书的形式书写在黑板上进行总结，可以让学生更加清晰地理解该节课教学内容的重点，以及知识之间的内容联系，加深学生的理解和巩固。

例如，小学数学《乘除法各部分之间的关系》一课，教师利用板书归纳式结课，板书内容如下：

积=因数×因数

因数=积÷另一个因数

商=被除数÷除数

除数=被除数÷商(求除数用除法)

被除数=商×除数(求被除数用乘法)

通过板书总结能加深学生对教学内容重难点的印象，明确该节课的关键点及知识点直接的联系。

2) 比较异同式

比较异同式是将本课所学知识与原有知识比较，或将本课所学知识各部分内容比较分析，找出它们各自的本质特征或不同点、它们之间的内在联系或相同点，以使学生对所学知识理解得更准确深刻，记忆得更清晰牢固。

比较异同式结束方式可以引导学生弄清容易混淆的知识的区别和联系，加深对

所学知识的理解，又可以使学生通过明了知识间的区别与联系，温故知新，如化学课讲完氧化-还原反应时，为了避免学生把氧化-还原反应与其他化学反应基本类型混淆，可采用比较异同式结束方法。

3) 活动练习式

活动练习式是在讲课结束时，适当安排学生进行一些实践活动，既可以使学生所学知识得到强化和应用，又可以使教学效果得到及时反馈，便于教师把握教学进度。

活动练习式结束方式中使用的练习可以是教科书或练习册上的现成练习，也可以是教师根据教学内容的要点自编的练习。活动练习式结束方式能及时巩固学生所学知识，提高学生应用知识的能力，但应防止演变成题海战术。

例如，教师在讲解"金属键"时，要求学生完成下面的练习来结课：

完成下列表格：

晶体类型		离子晶体	分子晶体	原子晶体	金属晶体
实例					
结构	构成晶体的微粒				
	微粒之间的作用				
性质	硬度				
	熔沸点				
	传导性				

4) 自然结束式

自然式结束方式指教师讲完一堂课的最后一个内容或最后一句话，下课铃正好响起，"水到渠成，瓜熟蒂落"地结束了一节课的教学。这种结课方式不强调结束的形式技巧，但却讲究课堂教学进程和时间的精心设计，自然而然，一气呵成。自然式结束一般适用于难度不大的教学。

2. 开放型结束

当教师在一节课的结尾处设置无唯一答案的疑问并鼓励学生课后继续思考探索时，他所采用的结束方式就属于开放型结束。一般而言，一节课的教学内容具有相对的完整性和独立性，但也绝不是孤立的，或多或少都会与其学科内的其他内容有相交叉的地方。正是利用一节课教学内容的这一特点，教师在结束阶段，可以通过设置悬念，留下问题供学生思考，鼓励学生继续探索，发挥求异思维，进一步激发学生的学习兴趣，拓宽学生的知识视野，为后续知识的学习埋下伏笔和铺设台阶。根据开放型结束的具体实施方法，可以有以下几种结束的技能。

1) 悬念式

悬念式结束是利用人们急切期待的心理状态，使用“欲知后事如何，且听下回分解”的说书方式，在表述到扣人心弦处戛然而止，给学生留下一个有待探索的未知问题，激起学生继续探索的强烈愿望。悬念式结束方式容易唤起学生的探究欲望，给学生以合理的学习期待，同时能为下一节课打下伏笔，使此节课的结尾变成下节课的开始，以便与下一节课有机地衔接起来，具有承前启后的作用。一般来说，上下两节课的教学内容具有密切联系，最适合使用悬念式的结束方式。

例如，讲授等差数列和等比数列时，第一节课讲授等差数列，教师在第一节课结束时，提出这样的问题：数列 20、10、5、2.5、1.25……的第 10 项是多少呢？需要一项一项地算下去吗？其实第 10 项是很容易计算出来的，等下一节课你们就知道了。

这就是悬念式的结束方式，在结束的同时设置悬念问题激发学生的求知欲，同时为下一节课的教学做好铺垫。

2) 探索式结束

探索式的结束方式，是教师利用课堂教学的结束环节，结合该节课的教学内容，提出与本节课知识相联系同时又高于本节课知识的问题，引导和鼓励学生在课后进行探索，激发学生学习和研究更深层次知识的兴趣，提高分析问题和解决问题的能力。探索式的结束方式能将课内知识与课外知识进行联系，既能加深学生对本节课内容的理解，又能激发学生的课外学习兴趣，进而拓宽学生的知识面，是培养学生发散性思维的重要途径。

例如一位教师在教授《猎人海力布》一课时，在结束时这样提问：

文中的鸟儿怎么知道“今天晚上，这里的大山崩塌，大地要被洪水淹没”呢？其实，大自然中有很多动物都有这种能力。比如，下雨前，蚯蚓滚沙，蚂蟥浮到水面。然而，他们为什么知道呢？同学们可以抽时间，课外阅读《十万个为什么》一类的科普书籍，或借助网络查阅相关知识就明白了。大自然的奥秘还有很多，我希望对这方面感兴趣的同学长大后能进一步探索生物世界的奥秘，为人类作出贡献。

这位教师利用教学的契机，适时提出适当的探索问题，把课堂结束作为联系课内外的纽带，把课堂教学向课外延伸，推动第二课堂的开展，能开阔学生视野，激起学生探索的欲望。

以上所谈到的各种结束技能是纯理论的，在实际运用时，应根据具体的教学情境和教学内容，选择适当的结束方式，更多情况是需要将多种结束方式综合使用。

以上罗列的各种结束技能只是适用于各学科的结束技能，除此之外，还有许多针对某一学科教学内容的结束技能，各学科教师应结合本学科的教学特点，恰当地选择合适的结束方式。

每一种结束方式都有其自身的优势和不足，因此，在结束时，教师应尽可能地将多种结束方式结合起来使用，形成各种组合，实现各种结束方式的“优势互补，取长补短”，提高结束的有效性。

4.5.5 结束技能的应用原则

好的教学结束具有概括总结、强化重点、理清脉络、加深记忆、激发兴趣等多方面的积极作用。为了使教学结束充分发挥出这些作用，教师在实施教学结束时应遵循以下几个原则。

1. 目的要明确

结束环节要达到什么样的目的，是对本节课的教学内容概括提炼还是知识的拓展延伸，是强化重点还是为下节课做好铺垫，需要教师在备课时首先确定好。只有当结束环节的目的明确了，结束时结束方式的选择才能实现合理化，才能在具体实施过程中有章可依。切忌在实施结束技能时手忙脚乱，漫无目的。

2. 结束语言要简练

通常情况下，结束环节的时间限制在 3~5 分钟，因此，在有限的时间里要将一节课的内容提炼概括，就要求结束的语言一定要高度概括，短小精炼。除此之外，简练的语言还有利于学生对知识内容的回忆、提取和应用。在结束环节切忌将教学内容不分重点地再次重新叙述，切忌结束语言拖沓冗长，这样只会加重学生的认知负担，干扰学生对重难点的回忆和掌握。

3. 结束的方式要灵活多样

结束的方式没有好坏之分，只有合适与不合适之分。因此，在结束环节，教师应根据教学目标、教学对象、教学内容和实际的教学环境等因素灵活选择不同的结束方式，避免长时间采用一种结束方式。除此之外，在结束时，教师应尽可能地将多种结束方式组合起来使用，形成多种组合，一来丰富课堂教学活动，二来实现各种结束方式的“优势互补”，提高结束的有效性。

4. 分配好时间，使结束从容不迫

结束环节需要有适量的时间作保障。一般来说，结束环节所用的时间一般为 3~5 分钟。一节课若能做到总结完毕后铃响下课，效果最好，也最受学生的欢迎。如果结束环节的时间分配不足，会使得总结的内容还没讲完下课铃就响了，学生的注意

力会因此而转移，课堂气氛受到破坏，在此情况下，教师通常将结束环节的内容草草了之，影响结束的质量和效果，因此，在结束环节一定要将结束的时间分配好，使结束环节从容不迫。

4.5.6　结束技能评价表

结束技能评价表如表 4-5 所示。

表 4-5　结束技能评价表

评价项目	好	中	差	权重
1. 能准确概括知识要点，并使知识系统化				0.20
2. 结束时安排有学生活动(练习，提问，小结等)				0.15
3. 能有效地反馈教学效果，使学生对所学内容得到巩固、深化或运用，并能激发学生兴趣，引导学生进一步学习				0.15
4. 有利于促进学生创造性思维				0.10
5. 有效地组织和调动学生积极参与总结或练习				0.10
6. 教师语言干净利索，情绪饱满				0.10
7. 结束布置的作业及活动明确且面对全体学生				0.10
8. 结束环节时间掌握紧凑、不拖沓				0.10
对整段微格教学片段的评价：				

4.6　强 化 技 能

4.6.1　强化技能的概念

强化是心理学研究领域的一个概念。行为主义心理学认为，学习是刺激(S)-反应(R)的联结，学习过程是一种渐进的“尝试与错误”直至最后成功的过程，人类的学习行为是操作条件反射式学习。在操作条件反射中，刺激(S)最初与多种反应 R1、R2、R3、R4……Ri 结合，通过强化其中一种反应 R1,而不是强化其他反应，R1 就可替代其他的反应，最后与刺激(S)形成稳固的联系。由此可见，强化是“使有机体在学习过程中增强某种行为反应概率的力量”，强化是塑造行为和保持行为强度不可或缺的关键手段。行为主义心理学家斯金纳认为，“行为之所以发生变化，是由于强化作用，如果一个行为发生后，接着呈现一个强化刺激，行为的强度就会增加，因而，直接控制强化物，就是控制行为。”可见，强化对学习具有非常重要的作用。在教学过程中，教师对学生的行为和心理活动给以肯定或否定、奖励或惩罚等强化刺激将使行为的强度增加或保持在某一水平上，从而使学生的学习得到及时的肯定和巩固。

强化技能是指教师在教学过程中，依据行为主义心理学的原理，针对学生的反应，采取各种肯定、鼓励、奖励和纠正错误的方式，促进和增强学生正确的行为反应的教学行为，使其朝更好的方向发展。强化技能的教学行为的独特功能在于，它能使教学情境的刺激与希望的学生反应之间建立稳固的联系，促进学生形成正确的学习行为，并在这一过程中使学生的思维得到发展。

4.6.2 强化技能的功能

作为一种教学技能，强化不仅仅是对教学内容的强调和巩固，而是依据“操作性条件反射”的心理学原理，一旦学生在操作中出现正确的行为反应，教师应马上给予肯定或者奖励，从而使学生由于自己的操作得到奖励而产生成就感和满足感，进而在以后的学习中重复那些受到教师奖励和肯定的活动，警惕出现的错误，从而对教学信息的刺激保持稳定而正确的反应。因此，强化是在课堂教学中塑造学生正确行为和保持行为强度所不可缺少的教学技能。

强化技能在实际的课堂教学中具有以下功能。

1. 激发并巩固学生的学习动机，引起并保持学生的学习兴趣

根据心理学测试的结果，同等基础和水平的学生，在教学过程中能否不断地得到鼓励，能否及时知道所犯错误，能否尽快了解学习成绩，其学习效果明显不同。能够得到及时的鼓励与纠正并很快了解自己成绩的学生，学习成绩要好得多。可见，强化对于学生的学习动机和兴趣有直接的效应。

适当而及时的强化，能够使学生在学习过程中所做的努力和取得的成绩得到及时的肯定和奖励，从而使学生在心理上得到满足，感到自己所付出的努力能不断地被教师所承认，进而产生继续学习的热情和取得更好成绩的愿望。这就必然使学生的学习动机不断被激发并得以巩固，也使学生感到学习是有趣的，能体现自身的价值。

2. 促进学生较快地达成学习目标

在教学过程中，学生对同一教学信息的刺激可能同时产生多种反应，其中有的是正确的，有的则是错误的。在这种时候，如果教师能正确而适时地运用强化技能，对学生正确的反应予以及时强化，而对错误的反应进行纠正，就能使学生建立起教学信息与正确反应行为之间的联系并在以后的相似情境中做出正确的反应，从而避免学生在学习过程中走“弯路”，尽快达成学习目标。

3. 激励学生主动参与教学过程

由于强化是在学生产生反应之后才出现的，能够诱导学生在完成一定的活动之

后得到某种形式的奖励，就会逐渐使学生明确：要想得到肯定和奖励，要想及时看到学习的成果，要想体验学习的乐趣，就必须积极主动地参与教学活动，动耳、动手、用心观察和积极思考，按照强化的导向，完成多种形式的教学任务。

4. 促进师生的情感交流，创造和谐的课堂氛围

教师对学生的诚挚感情和热情关怀，是开启学生心扉的一把钥匙。教师对学生的情感很大程度体现在课堂教学态度上。通过强化，教师可以对学生的点滴成绩和微小进步给予肯定和奖励，可以对学生存在的缺点和不足给予耐心细致的帮助，从而体现教师对学生的关心、爱护和尊重，促进师生之间的情感交流，使课堂气氛和谐而融洽。

4.6.3　强化技能的构成要素

完整的强化技能包括发现并判断学生的反应和行为；选择并使用恰当的强化方式；准确地运用强化物，适度把握教师感情等几个方面。

1. 发现并判断学生的反应和行为

学生在学习过程中的反应和行为是实施强化的依据和前提。只有明确知道学生的反应和行为后，教师才能对其做出相应的强化。因此，在教学过程中，教师必须全神贯注，认真观察学生的反应和行为，聚精会神地倾听学生的叙述，及时巡视学生的活动，充分估计学生可能出现的情况，熟悉练习题的答案，以便迅速确定学生行为的正误，及时做出相应的强化。

2. 选择并使用恰当的强化方式

强化方式是强化技能的又一构成要素。强化方式是指教师对学生的反应做出强化所采用的方法途径，如在实施强化时采用积极强化还是消极强化，在强化时间的安排方面是实施即时强化还是延时强化，在具体实施强化时是通过语言强化还是通过标志或通过动作强化。因此，教师一方面要在备课时充分估计学生的反应和行为，拟定对应的强化方式；另一方面也要有应变的意识，根据课堂教学的实际情境迅速选择并及时变换能获取最大效果的强化方式。教师的应变能力需要一定时期的经验累积和对强化技能的深刻理解。

3. 准确地运用强化物

强化物是能增强学生反应行为概率的刺激，是强化技能的重要构成要素。在课堂教学中可以作为强化物的刺激包括语言、动作、表情、符号和活动。教师应按照强化技能的准确性和真实性要领，使用恰如其分的强化物进行强化。比如，使用语言强化一定要中肯、适度，富有亲切感，语气要生动活泼、直观形象。使用动作强化时，动作的幅度要得当，既不过于轻微造成强化不明显，又不过于夸张使学生感到浮躁。

4. 适度把握教师感情

强化技能具有较强的感情色彩。教师在实施强化的过程中所带的情感会对强化本身起到加强或削弱的作用，如教师通过口头语言强化时，饱含深情地说“这是一个非常好的想法，真棒！”比平淡地说“这是一个好想法”更能强化学生的行为。再比如，教师容易对反应敏捷的学生表示好感，对反应缓慢的学生表示冷淡，这种感情倾向不利于学生的群体发展和个别发展，甚至会刺伤学生的自尊心，打击学生学习的积极性。因此，教师在运用强化技能时必须善于把握自我感情，恰当地将感情融入强化过程，最大程度地发挥强化的作用，同时还要对各类型的学生都一视同仁，热情相待。对于那些反应较缓慢的学生更要热情鼓励，充分肯定其点滴进步，并适当控制强化的节奏。

4.6.4 强化技能的类型

根据强化所采用的外显方法，可以将强化技能分为语言强化、标志强化和活动强化。

1. 语言强化

语言强化是指教师发现学生有了所期望的行为后，运用语言的形式对学生的反应和表现作出针对性的肯定、鼓励、表扬或批评，以达到强化学生行为的教学行为方式。语言强化又可以分为口头语言强化、书面语言强化和体态语言强化。

(1) 口头语言强化。口头语言强化是教师对学生进行口头的肯定、表扬和鼓励。例如，当学生在课堂上正确回答问题时，教师评价：“回答得非常好”、“太棒了”、“这是一个非常好的想法”、“回答得好，进步真快”等。

(2) 书面语言强化。书面语言强化是教师在学生的作业或试卷上所写的评语，同样对学生的学习行为具有强化作用。比如，一个对作业从不认真的学生，经教师和家长教育后，不但文字比过去工整了，错误率也下降了，而且确实是他自己下了功夫，所有的行为都正在朝着家长和教师所期望的方向发展时，教师对他的作业就要仔细批改，再写出适当的评语，如“你的进步很大，文字比以前更工整，错误较少。继续努力，你一定可以做得更好，取得更大的进步”。恰如其分的评价比只笼统地写“好”、“有进步”具有更大的强化作用。

(3) 体态语言强化。体态语言强化是指教师运用非语言因素(如身体动作、表情和姿势)对学生的期望行为进行肯定、表扬的强化方式，如一位平时回答问题比较胆怯的学生在大胆说出自己的观点时，无论其观点是否正确，教师都应抓住机会对学生所表现出来的期望行为进行强化，如给予一个赞许的眼神、微笑或点头等动作，都可以对学生的行为起到强化作用。

常用的体态语言强化方式有手势(如拍手、鼓掌)、点头或摇头、微笑、接触动作(如拍肩、摸头)等。

教育心理学研究表明，表扬作为教育方法和手段，含有肯定、鼓励、化解矛盾等多种功能，相对批评而言，更容易为学生所接受，有着更多的活动空间，更易收到事半功倍的教育效果。因此，在使用语言强化时，应坚持以正面强化为主，即以表扬、鼓励、肯定为主，而尽量少使用负面强化(如惩罚、批评等)。

2. 标志强化

标志、强化是当所期望的行为一旦发生，教师不当即表彰，而是采用各种色彩鲜明的或具有特殊意义的标志符号对学生的行为和表现进行肯定鼓励，以强化学生的正确行为。例如，对于认真完成作业、作业比较优秀的学生，在作业后边盖上红花、红旗等印章；对于品德、纪律好的学生，发给红花、红旗等实物，以强化学生正确的和所期望的行为和表现。

3. 活动强化

活动强化是指当学生出现期望的行为后，教师指导学生参与一定的活动，用自己在活动中的行为相互影响，起到强化学习效果的作用。例如，当学生出现所期望的行为或表现时，给学生参与游戏的机会进行强化，或允许学生充当“小老师”，转换角色强化学生的正确行为，或提供学生参与其喜爱的活动以对正确的行为进行强化。

例如，在课堂进行习题练习时，教师采用活动强化的技能对表现出色的学生行为进行强化。

教师：请大家看题，“氨氧化制硝酸时，如果由氨制成一氧化氮的转化率是96%，由一氧化氮制成硝酸的转化率是92%。10 吨氨可以制备多少吨 50%的硝酸？”下面就开始做。

学生解题。

教师(巡视，发现一些学生分步计算，解题速度很慢；有的学生根据化学方程式列出错误的关系式“$3NH_3 \sim 2HNO_3$”计算；只有个别学生按关系式 $NH_3 \sim HNO_3$ 计算)。我发现韦华的解法和多数人不一样，但他算得又快又准确。请你把解题过程写到黑板上，再说说你的思路。

韦华在黑板上演示并说明自己的思路和解题过程。

教师(站在一旁认真地听，并不停地点头，表示赞许)

［说明］良好的思维品质表现为思维的逻辑性、敏捷性、灵活性、创造性等方面。当学生在学习中表现出这些品质时，教师及时给予强化，可以促进学生的思维发展。

4.6.5 强化技能应用的原则

强化是教师在教学中经常运用的一种技能。教师要想熟练地运用这种技能，不能单凭模仿，必须对这种技能的特点和应用要领有深刻的认识。

强化技能可应用于多种教学方法和教学形式之中。教师在讲授、讲解、讨论、复习和组织自学时都可以运用语言、动作、标志符号和活动对学生的正确表现和行为强化。强化不仅应用于教师课堂教学过程中，而且还可以应用于学生讨论和作业练习之中。

教师在应用强化技能时，必须围绕教学大纲所规定的教学目标判断学生的反应和行为。在强化时，教师还必须遵循学生的认识规律。一般来说，中学生在学习过程中需要经过意向、感知、理解、巩固、应用和创造几个心理活动阶段。强化不能只在巩固阶段进行，而应在几个认识活动的阶段都有针对性地进行。如果只把强化放在讲授完全课内容之后，单凭练习或考试进行，那就是完全错误的了。

综上所述，强化技能有很强的综合性，需要反复实践，才能掌握并上升为技巧。为了便于教师逐渐形成这种技能，下面提出强化技能的应用要领。

1. 准确判断学生的行为或行为发展变化方向与教学目标之间的关系

教师对学生的学习活动强化时，一是要准确判断学生的反应和行为是否与教学目标一致。这种判断活动通常在教师心理内部进行，但可以从教师采取的强化行为中反映出来。如果对学生的反应判断错误，不仅不能强化学生的行为，反而还会使学生的认识偏离正确的方向，使学生的积极性受到打击。为了使强化能实现其效果，在强化之前一定要对学生的反应和行为作出正确的判断。在判断学生反应与行为时，一是要准确理解学生行为的含义，二是要及时发现学生的每一个闪光点和进步，三是假如对学生的行为无法立即作出正确判断时，不能武断地评价，要安排机会给学生充分展现其行为。

2. 强化的意图一定要明确

教师在对学生的反应和行为强化时，一定要让学生明确地知道到底是自己的哪些行为正在受到教师的肯定、表扬或否定、批评，以使学生建立起刺激信息与行为之间明确又稳固的关系。要做到这一点，教师在强化时，需要注意以下几个方面的问题：

(1) 当学生的反应中包含若干不同成分时，教师应对各种不同的成分予以说明，并分别对不同的成分予以不同的强化，使学生明确知道自己的多种行为中哪些是得到肯定的，哪些是被否定的。如果教师仅仅是进行简单的、全盘的肯定或否定，是不利于学生正确理解教师的意图的。

(2) 说明强化的原因，使学生明确为什么会受到赞赏和鼓励。当学生的行为变化朝着好的方面发展时，教师对学生强化时一定要说明强化的原因，使学生的行为变化比较快地作为结论性认识巩固下来。

3. 教师对学生行为的强化要适时适度

对学生的反应要及时予以强化。强化时间对已强化效果有很大的影响，过早易于使学生慌乱，阻碍学生探究活动或尝试错误活动的进行；过晚易使学生失去建立刺激与行为之间联系的机会，甚至可能接受不了正确的信息。及时发现学生的正确行为应当迅速正面强化，但如果学生的反应和行为不完全正确，也要对其合理的部分正面强化；当学生一时不能做出正确的反应和行为时，不能简单地予以否定，而应选择恰当方式，如再让学生完成一个适合其长处的活动以表现自己，从另一个角度对其强化。

强化要适度，要恰如其分。如果强化过度，反而会分散学生的注意力，如对初中生采取鼓掌强化，会有好的效果，但在高中班级使用鼓掌方式，反而会使作答的学生感到窘迫。

4. 教师对学生行为的强化要有针对性

教师必须充分考虑不同年龄、不同认知能力和不同个性的学生对强化方式的不同需要，针对不同的学生采用不同的强化方式，使强化技能具有个性化的特点。例如，初中生偏爱教师的直露的赞赏，高中生则更需要含蓄的鼓励；运用动作对初中生强化就比较恰当，而如果频频地抚摸高中生的头部则是对他们的不尊重和失态；对于内向的学生和开朗的学生必须分别采用个别鼓励和当堂表扬的强化方式等。

5. 教师对学生行为的强化方式要灵活

教师在运用强化技能时，应该有意识地及时变换强化的方式，在一节课内可以交替使用语言强化、标志强化和活动强化。即使同一类强化技能，也应考虑灵活多变，避免简单重复同一句话或同一个动作。灵活性应该与针对性结合在一起，根据学生对强化方式的不同需要，灵活地使用适合不同学生个性特点的强化技能。

6. 强化时教师的态度要真诚、热情

在强化时，教师的情感和态度必须是真诚、热情和友善的，通过伴随各种语言和动作的情感传递加强对学生的影响。教师的诚恳、期待和热望之情会深深地打动学生，同样对学生的行为起到强化作用。同样，过分的表扬和奖励，也会使学生感觉生硬和难以接受，甚至可能造成虚假和讽刺的印象。

4.6.6 几个概念的区别

1. 强化与强调的区别

在强化技能的类型中有一个类型是标志强化。标志强化是指教师对学生的成绩采用各种象征性的奖赏物，以表示鼓励和肯定。例如，在学生的作业上加上表扬性的评语，加盖象征奖赏的印章图案等。这是以标志强化物促进学生的正确行为的一类强化教学行为。

强化一词的字面意义有增援、支援、加强、加固的含义，但作为心理学中的专用名词则有了特殊的含义，它专指对学生的反应或操作活动中的某些符合教学要求的学生行为进行促进或加强，使其与相应的刺激建立稳固的联系。

教师在讲解重点、关键地方的板书中加标志(如彩色圆点、彩色曲线)，以引起学生注意的做法，以及在演示实验中，在观察重点处加标志，以引起学生注意的做法，符合加强学习活动的一般意义，但不符合强化的心理学含义，应该说是强调而不是强化。

2. 强化与巩固练习的区别

强化技能中的“活动强化”是指以特殊的个别的活动作为奖赏物，对在教学活动中有贡献的学生进行鼓励，例如部分地代替教师的工作，帮助教师检查学生的练习等，或给学习成绩优秀、反应灵敏的学生安排一些特殊的独立活动，给他们以表现的机会，以激励他们向更高的标准迈进。

教师在教学中，让学生做巩固练习、小组讨论、小组实验等活动是加强或巩固对知识技能的掌握程度，加强的是学生参与教学活动的机会，不是强化技能中强化的意义，与对学生的正确反应进行鼓励是两回事。

3. 强化与变化的区别

变换不同的信息传递方式或信息形式，对同一教学内容进行形式不同的反复信息刺激，例如，对天平构造的教学内容，先用实物天平，再用挂图，再用模型拆装，多种信息对学生刺激，这些教学活动是变化而不是强化技能概念中的强化行为。因为它加强的是教学材料的刺激信息，而不是对学生的反应活动强化。

4. 强化与提问的区别

在形式上，强化技能与提问技能中教师对学生回答的二次行动有相似之处，但实际上是两类不同的教学行为。强化行为的范围比提问技能广泛，包括对所有符合教学要求的行为强化。强化行为是肯定、鼓励，提问技能是引导、启发；在功能上，强化是将学生已形成的尝试性正确认识巩固下来，或提供线索对其检验。而提问则是引导学生得出尝试性的结论。

4.6.7 强化技能评价表

强化技能评价表如表 4-6 所示。

表 4-6　强化技能评价表

评价项目	优	良	中	差	权重
1. 教师采用的强化目的明确					0.10
2. 强化引起了学生的注意力					0.15
3. 强化促进了学生的参与教学活动					0.20
4. 强化运用的时机适当					0.10
5. 教师运用强化时情感真诚					0.15
6. 强化方式多样					0.10
7. 强化自然、恰当					0.10
8. 正面强化为主，鼓励学生进步					0.10
对整段微格教学片段的评价：					

第5章　教学设计与微格教案的编写

5.1　课堂教学设计概述

教学的目的是帮助人们学习。而教学设计是为了教学而做的工作，是运用系统思想和方法，以学习理论、教育理论和传播理论为基础计划和安排教学全过程的各个环节和要素，以帮助学习过程而不是教学过程为目的，以有目的的学习而不是偶然学习为目的，以实现教学效果最优化为目的的一种计划过程和操作程序。教师通过教学设计将对课程标准的理解、对具体的教学内容和教学对象的分析等加以整合做出将教学的预期结果、教学方法、学生的评价联系起来，对所有教学事件整体规划系统设计，对一系列具体操作层面的教学事件做出整体安排并形成一个具有可操作性的教学方案。从某种意义上说，教学设计要求教师回答“为什么教”、“教什么”、“怎么教”、“教得怎么样”等问题。

课堂教学设计，是指课堂教学设想和计划，即在课堂教学工作之前对教学事件的预谋和筹划。课堂教学设计是教学设计的内在需求，是教学设计的一个重要组成部分，是运用现代教学心理学和教学设计的基本原理与技术，用系统论的观点和方法，根据教学目标和教学对象的特点，有效安排和组织各种教学资源（教师、教学内容、教学媒体、教学方法、教学环境等），以提高课堂教学效果而制订教学方案的过程。它有助于课堂教学工作科学化，有助于提高课堂教学的效率和效果，有助于教学理论和教学实践的结合。有效的课堂教学设计是课堂教学成功的必要条件。课堂教学设计有以下特点。

1. 规划性

课堂教学设计实际上是对整个教学过程的各项工作做一个规划，如设定教学目标，教学资源的开发和利用，确定教学重点和难点，筹划教学方法与手段等。有了一个完善的整体规划，教学工作才能顺利地进行。

2. 超前性

教师在进行课堂教学设计的时候，通过思考，预测教材内容、学习环境、教师的行为在教学过程中可能引起的效果，以及学生可能作出的反应，借助于想象在头脑中酝酿具体的教学事件，以提前完成教学的准备工作。

3. 创造性

所谓创造性就是教学设计者根据教材和学生实际去设计自己独有个性的教学方案，而不是照搬别人的思路和教学方法。课堂是一个学习的课堂，也是一个生命的课堂，需要教师去激活。而激活的关键是教师要有全面严密的教学设计，也就是要做好课堂教学设计。

4. 灵活性和具体性

虽然课堂教学设计过程具有一定的模式，需要按照既定的流程进行，但课堂教学的实际工作往往不一定按照特定模式的线性程序开展。这是因为有时候有些环节没有必要或无法开展。因此，课堂教学设计具有一定的灵活性。课堂教学设计的具体性则是因为课堂教学设计是针对课堂教学中的具体问题而发展起来的理论与技术，因此，课堂教学设计过程中的每一个环节都是相当具体的。例如，教学内容的设计，教师要根据教学目标的要求，结合学生的实际水平，对学习材料再加工，通过取舍、补充、简化，重新选择有利于目标达成的材料。

5. 系统性

课堂教学设计是一种教书育人的全方位的系统的科学设计，它由各个部分有机地构成一个整体，各个环节相互关联，缺一不可，否则这个系统就不能有效地运转。因此，教师在进行课堂教学设计时要运用系统的方法，分析课堂教学系统各因素的地位和作用，使各因素得到最紧密、最佳的组合，从而提高课堂教学效果。

5.2　教学媒体的选择

随着科技的发展，越来越多的教学媒体可供选择，这些教学媒体的性能也越来越好。教学媒体的选择能直接影响教学效果。教学媒体的选择需要以教学方法为基础，除了考虑教学方法，还需要考虑教学目标、教学内容、学习者特征、教学环境和可能的约束条件。对教学媒体的选择有以下几个基本依据。

1. 依据教学目标

每门课程、每个单元、每节课都有一定的教学目标，实现不同的教学目标往往需要使用不同的媒体传递教学信息。例如，为了使学生了解一个概念，或理解某种原理，或掌握某项技能等，可选择图表、实物或三维动画等。为了激发兴趣、升华情感可选取音频和视频媒体。

2. 依据教学内容

不同学科的教学内容、性质不同，对教学媒体会提出不同的要求。例如，在音乐学科的教学中，可以借助于视听媒体使学习者能有切身的感受，以加深他们的理解和记忆。在数学、科学、物理、化学等学科教学中，可提供实物模型、图表、动画等媒体。

3. 依据教学对象

不同年龄阶段的学习者对事物的接受能力不一样，选用教学媒体时必须顾及他们的年龄、心理特征及知识背景。另外，在两种效果接近的媒体中选择时，也可适当考虑学生的习惯和爱好。例如，为小学生可多选择动画、投影、视频等媒体，为中学生选择媒体则可增加一些分析、综合、抽象、概括等理性认识的分量，重点应放在揭示事物的规律上。

4. 依据媒体特征

各种教学媒体具有不同的适用性。在实际应用中，只有最适用的媒体，而没有最优的媒体。只有充分了解各个媒体的优点和局限性，才能在使用中扬长避短，对它们进行综合应用。比如，能用实物观察的，就无需用图片和视频，能动手实验操作的，就无需用模拟教学。

5. 依据教学条件

教学中能否选用某种媒体，还要看当时当地的具体条件，其中包括资源状况、经济能力、师生技能、使用环境、管理水平等因素。因此，理论上的最适用媒体，不等于实际上的最适用媒体。

选择什么样的教学媒体、怎样运用这些教学媒体才能使教学更为有效，这是教学设计工作的重点和难点。在选择的时候，一定要把握住问题的关键，在坚持基本原则的前提下，兼顾其他因素。

5.3 微格教学的教学设计

微格教学的教学设计是根据课堂教学和教学技能训练目标，运用系统方法分析教学问题和需要，建立解决教学问题的教学策略微观方案、试行解决方案、评价运行结果和对方案修改的过程。它以优化教学效果和培训教学技能为目的。

微格教学的教学设计与一般的课堂教学设计既有联系，又有区别。一般的课堂教学设计对象是一个完整的单元课，而微格教学通常都是比较简短的，教学内容只是一节课的一部分，便于对某种教学技能训练。

5.3.1　微格教学设计的方法

教学设计经历了由经验设计法、程序设计法到系统设计方法的发展过程。目前这三种方法都有应用。在微格教学训练中使用的是系统方法。

系统教学设计方法以学习理论、教学理论和传播理论为基础，系统地研究、探索和规划教学过程中诸要素的相互联系与合理组合。它的目的是通过分析教学中的问题和需求，确定教学目的、安排教学步骤、选择适当的教学媒体，实践后经评价分析求得改进，达到教学效果的最优化。

系统教学设计方法与传统的教案设计的不同在于，它以学生为主，以系统化的过程构建教学，而传统方法也许只是局部地、不自觉地运用了系统化的方式，但缺乏全盘考虑。教学设计不同于工程设计，它没有必须严格遵守的公式和定理。但是，只要从宏观和微观上准确地把握教学目的，充分考虑教学设计的要素，按一定的程序进行，经过一段时间的训练和实践就能做好。

5.3.2　微格教学设计的程序

了解了系统教学设计方法和要素之后，还要知道具体的设计步骤。为了便于操作，设计步骤一般都以流程图的方式表述。微格教学设计与课堂教学设计没有太大的不同，它们所遵从的理论、方法、程序完全一致。不同之处只有两点，首先，微格教学设计是对一个教学片段的设计，除了要完成教学目标之外，还要完成教学技能的训练目标；其次，微格教学的教学设计要便于训练。微格教学设计流程图如图 5-1 所示。

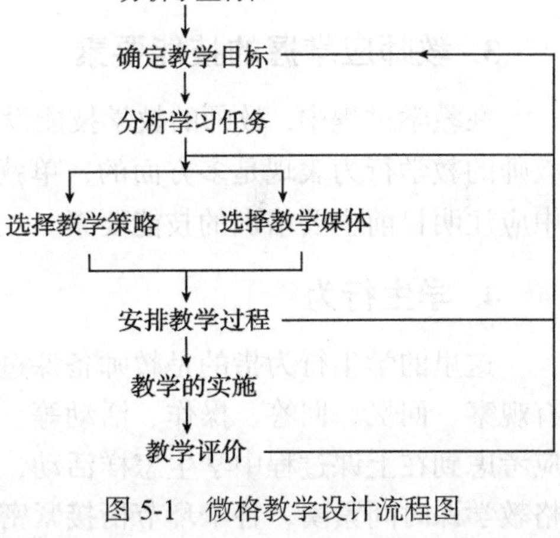

图 5-1　微格教学设计流程图

5.4　教案的编写

教案是教师备课、上课的依据，是在对教材内容钻研后对教学设计而来的。教案一般从结构上分为三段式、整体式、导入式；从形式上分为文字式、表格式、程序式。教案编写一般分为七步：确立教材题目和进度；确定教学目标；构思和编写课的内容，组织教法与学练法；合理安排课的各部分时间、各项内容教学时间和练习次数；计划本课所需的场地、器材和用具；预计课的生理负荷和练习密度；课后小结。

5.4.1 微格教学教案编写的内容和要求

在进行微格教学时，确定了学生所训练的教学技能内容，编写教案则是一项重要的工作。教案是课堂教学组织、设计的具体方案，是实施教学过程的依据，又是完成教学计划的重要保证。没有一个好的教案，就不可能上好微格教学课。

微格教学教案编写的内容和要求如下。

1. 确定教学目标

教学目标是师生通过教学活动预期达到的结果或标准，是对学习者通过教学以后将能做什么的一种明确的具体的表述，主要描述学习者通过学习后预期产生的行为变化。微格教学的教学目标是微格教学教案的首项内容。教学目标的制定是备课的前提，制定教学目标要紧紧围绕微格课的教材内容进行。在制定目标时容易出现两个毛病。①目标定得大，制定目标抄参考书，不顾课堂实际情况。②制定教学目标不细致，含糊。指导教师必须对教学目标的制定予以指导，它的好处是帮助学生理解教学大纲，引导学生正确地使用教学技能。

2. 教师的教学行为

教师教学行为，指的是教师在教学过程中的主要教学行为，包括板书、演示、讲授、提问等若干教学活动，这些都要编写在微格教学教案中。教师的教学行为要预先经过周密设定，与教学时间一栏相对应，使自己的教案更具有可行性。

3. 教师应掌握的技能要素

在教学过程中，教师的教学技能设计应具体、明确。在一节复杂的课堂教学中，教师的教学行为表现是多方面的，单就使用的教学技能来说也有若干分类。在教案中应注明目前主要培训的技能要素。

4. 学生行为

这里的学生行为指的是教师备课过程中预想的学生行为。学生的课堂行为主要有观察、回忆、回答、操作、活动等。在备课中预想学生行为是非常重要的。教师应考虑到在上课过程中学生怎样活动，参与活动的各种行为的每一个细微之处。微格教学课时间紧凑，各个环节衔接紧密，稍有不当之处就容易拖堂，影响授课任务的完成。

5. 需要准备的教学媒体

教师在教案中应注明将要使用的教学媒体，以便课前做好相应准备，在课中使用。

6. 时间分配

每个知识点需要分配的时间都应预先在教案中注明，微格教学以 0 分 0 秒开始计时，严格控制教学过程中的每一个环节，切忌拖堂，受训者必须明白这一点。

7. 板书设计

对板书设计，需要理清问题线索，摘出内容提要，提示教材的重点和难点，这是微格课的提纲要领。

5.4.2　微格教学教案的审阅和批改

学生写好微格教学教案以后，要由指导教师审阅批改。

(1) 看学生对教学技能能否正确地加以识别。有的学生由于不能识别应掌握的技能，造成上课的盲目性，使培训收不到预期效果，这种现象非常多，指导教师应特别予以重视。

(2) 在编写教案时，学生还应明确上课时的课堂评价内容。学生具有评价意识，上课就能做到心中有标准，这还有助于提高编写教案质量以及上课后对教案的再修改，容易做到自我监控。

(3) 重视对教案设计的研讨和分析。学生编写教案不是走过场，教案对教师上课行为有约束力。原则上讲，制定教案的每一步都应有科学的依据。所以学生必须明确编写教案的每一个细节要求，做到心中有数。

(4) 编写教案要注重实效性。微格教学的特点在于“微”字，所谓注重实效性是指对课堂教学的教案编写不要贪多、贪大、求全。也就是说，应把握教学过程的整体性与阶段性。微格教学是讲授一小部分内容、整篇文章的一小段，它只是教学过程中的一个小阶段。编写教案还要把握讲授知识的完整性与掌握知识的局限性。某一个知识，比如中心思想只有讲完全文才能归纳出来，某一重点词，有时需要前后文联系才能讲透，微格教学却只完成一个小阶段教学目标。抓住上述特点设计教案，才能使微格教学训练趋于科学、合理。

5.5 微格教学教案举例

例 1：导入技能

微格教学教案

科目：C 语言程序设计　　选题：最简单的 C 语言程序　　授课人：王树斌

教学目标：1.产生学习 C 语言的兴趣。
2.了解最简单的 C 语言程序，对 C 语言有一个最基本的认识。

时间 (分秒)	授课行为 (讲解，提问等内容)	应掌握的技能要素	学生行为 (预想回答等)	教学技能
0 分 00 秒	同学们好，从今天开始，由我和大家一起来学习用 C 语言进行编程。	引起注意	预备状态，精力集中	导入技能
0 分 30 秒	在开始学习 C 语言以前，我们要了解什么是程序？程序有什么用途呢？大家目前对程序的认识是什么样的呢？讨论一下看看你们的观点是不是一致的？	建立联系激发认知需要	很难给出具体的定义，但是又好像有一定的理解	提问技能
	板书：程序			板书技能
4 分 00 秒	其实，程序是就是人们为实现特定目标或解决特定问题而用计算机语言编写的命令序列的集合。为实现预期目的而进行操作的一系列语句和指令。例如，我们要在计算机屏幕上显示特定的内容，就可以通过程序实现，下面举一个最简单的 C 语言程序例子。我们从屏幕上输出一行文字：hello world!	组织指引形成学习期待	理解消化程序的概念对这个简单的例子充满好奇，翻看书上的例子	讲解技能
	板书：hello world!			

例 2：综合技能

微格教学教案

科目：C 语言程序设计　　选题：用 if 语句实现选择结构　　授课人：王树斌

教学目标：熟练掌握用 if 语句实现选择结构的程序设计

时间 (分秒)	教师的教学行为	应掌握的技能要素	学生行为 (预想回答等)	教学技能
0 分 00 秒	各位同学，上节课我们学习了程序的几种基本结构，本节课我们将具体地学习用 if 语句实现选择结构的程序设计。	吸引兴趣	集中注意力	导入技能

续表

教学目标：熟练掌握用 if 语句实现选择结构的程序设计

时间 (分秒)	教师的教学行为	应掌握的技能要素	学生行为 (预想回答等)	教学技能
0 分 30 秒	下面我们来说说现实中的选择问题，当面临一些假设性问题的时候，我们通常会怎么说？	建立联系	如果……那么我会怎么样	提问技能
2 分 00 秒	对了，我们经常说，如果怎么样，那么怎么样。这里的如果就是条件，如果满足什么条件，我们可以做什么，例如，我们在穿行公路的时候，如果是绿灯，那么我们可以通行。那如果是红灯呢？自然就不能通行。	诱导启发 促进参与	听讲	讲解技能
3 分 00 秒	而在 C 语言中，我们要实现这样的选择结构，使用的是 if 语句。if 语句最基本的格式是这样的：	概括铺垫	听讲，思考	讲解技能
	板书： If (条件)　语句;	解释分析 概括		板书技能
	如果用汉语意思来说的话，这个语句的意思是这样的：如果满足条件，那么就执行条件后面的语句。那如果这个条件不满足呢?就什么都不做。在这里，只是根据设置的条件去做相应的事情。			讲解技能
5 分 30 秒	下面我们举一个简单的例子，我们用 if 语句实现这样的功能，比较两个整型变量 x 和 y 的大小，如果 x 大于 y,那么我们就从屏幕上把 x 的值显示出来，该怎么写呢？	激发认知需要，形成学习期待	思考，在草稿纸上书写，同时有的同学会回答 if(x>y) printf("%d",x);	提问技能
6 分 30 秒	其实啊，这里我们完全可以通过汉语的意思填写相应的代码，这里汉语应该说成如果 x 大于 y,那么则从屏幕上输出 x 的值。前面大家都知道了 if 语句的意思，而输出语句是我们前面讲过的，用 printf 函数就可以了。这里翻译成对应的代码就应该是 if(x>y)printf("%d",x); 在这里，x>y 就是我们的条件，而在满足条件的情况下，需要做的事情就是输出 x 的值。	回忆	回忆前面的知识	
8 分 30 秒	下面我们随机输入 2 个整数，并把这个语句用在编译器中运行看看效果。	操作实践	看运行的效果，理解	操作技能
	实际操作，把语句输入编译器运行，看结果和我们的需求是否一致。	演示		演示技能
	大家看，这里我们输入的 x 大于 y，是不是 x 就从屏幕上显示出来了?可是，如果我们输入的 x 小于 y 呢?		回答	
	实际操作，输入数据			

续表

教学目标：熟练掌握用 if 语句实现选择结构的程序设计

时间 (分秒)	教师的教学行为	应掌握的技能 要素	学生行为 (预想回答等)	教学技能
8 分 30 秒	大家看，现在什么都不显示，这是为什么？	提问	思考原因	提问技能
12 分 30 秒	因为刚才我们只是根据条件做相应的事情，而没有说在条件不满足的情况下需要做什么，所以会出现这样的情况。	分析解释	理解	
	那如果我们把刚才的题目换成：把 x 和 y 中大的一个从屏幕上输出呢？又该怎么做？		思考，在草稿纸上书写	
14 分 00 秒	在实现这个功能以前，首先要知道 if 语句的另外一种格式，即 if…else…。	分析解释	听讲	
	板书： If(条件)　语句 1； else　　语句 2；			板书技能
	这个语句的意思就是如果满足条件，就执行语句 1，否则，就执行语句 2，大家看，这里就构成了一个有效的选择，在语句 1 和语句 2 之间，始终只能有一个语句被执行。		理解	讲解技能
16 分 00 秒	要把两个数中大的一个显示出来，我们应该说成如果 x 大于 y，那么输出 x，否则，就输出 y。翻译过来就应该是 if（x>y）printf(“%d”,x); else　printf(“%d”,y);		思考理解	
	板书： if（x>y）printf(“%d”,x); else　printf(“%d”,y);	板书		板书技能
18 分 00 秒	我们再运行看看，这里不管输入的 x 和 y 的大小关系如何，都能把大的一个数从屏幕上显示出来。	演示	结合前面的程序，理解原因	演示技能
	运行程序	操作实践		操作技能
19 分 00 秒	通过这个程序，大家对选择结构应该有一定的理解了，记住，在以后的学习过程中，可以通过对汉语意思的理解，填入相应的代码就可以了，我们学习编程，重在学习算法，代码只是一种实现算法的工作而已。今天的作业：下课后请大家对今天的学习内容进行自由扩充，看看你想的和计算机实际运行的结果是不是一样的？如果不一样，为什么？	归纳总结		结束技能

第 6 章　微格教学的评价与反馈

6.1　教育评价的一般概念和作用

6.1.1　评价与教育评价

“评价”一词在生活中被广泛用到，如评价某道菜肴的味道，评价某人的一生，评价某作家最新的作品，评价学生的学习结果，评价教学过程的有效性等。根据我国词典里的解释，评价是指“衡量人物或事物的价值”；而在英语中，评价(evaluation)来自于价值(value)。广义地讲，评价是指主体按照一定的标准对客体的价值判断的过程。它是一种主体性活动，不同的主体具有不同的价值观，“仁者见仁，智者见智”。因此，在评价的过程中，必须坚持以事实为依据，收集多方面的资料证据，实事求是地作出判断。

当把“评价”一词用于课堂教学或教育领域时，就产生了教育评价。教育评价涉及范围十分广泛，从宏观的教育体制、制度、政策到微观的教学方法、形式、内容等。由于对评价的价值观、主体、客体、评价目的有不同看法，各国学者对教育评价含义的理解也各不相同。参考教育评价的各种定义以及结合日常教育实践经验，我们认为教育评价应具备以下特征：①教育评价必须依据一定的评价标准；②教育评价必须建立在事实基础上；③教育评价的本质是作出价值判断。因此，教育评价概念界定如下：教育评价(educational evaluation)是指根据一定的价值准则和教育目标，利用多种办法收集资料信息，对教育领域的各种要素进行价值分析和判断，并为教育决策提供支持的过程。

6.1.2　教育评价与教育测量

教育评价与教育测量是通常容易被混淆的两个概念，二者既有区别又有联系。任何事物都有质的描述和量的规定，我们对教育活动或现象的认识也存在质和量的问题。教育测量是指依据一定的理论、准则，对教育活动中的因素测量和描述的过程，其目的在于获得具有说服力的数量事实，是一个量化的过程。而教育评价是对教育现象、活动进行价值判定的过程，这一判断以对评价对象客观准确描述为前提。例如，某学生英语成绩为 75 分，这是一个测量的结果，但是 75 分是一个好的还是不好的成绩，是需要放到一定的标准和环境中进行判断的。因此，教育测量可以为教育评价提供价值判断的数量事实，教育测量是教育评价的基础；教育评价是教育测量的延续，是对测量结果的解释与应用。测量与评价是同一活动的两个不同阶段，二者密不可分。

6.1.3 教育评价的作用

教育评价是现代教育活动的一个重要组成部分，积极开展教育评价，对于提高教育教学质量和办学水平，规范学校教育管理工作，合理制定教育政策方针都具有重大意义。

1. 教育评价的指挥和导向作用

导向作用是指评价对教育活动方向产生影响，要求把握好国家的教育方针，把握好教育的价值取向，通过评价过程与评价结果有意识地引导教育活动向正确的方向发展。在具体的评价活动中，评价者应当通过对评价方案、评价过程的反思以及再评价，不断调整改进评价方案与评价过程，把握好评价方向，给予教育活动正确导向。

2. 教育评价的诊断作用

诊断作用是指教育评价通过了解教育活动的实际状态、影响教育活动过程发展方向的各种因素以及教育活动对参与者的影响，发现教育活动的有利之处以及不利之处，为教育活动改进什么、如何改进提供意见的作用。准确的诊断有利于教育活动的改进。诊断作用的发挥要求评价者既要熟悉教育活动，又要摆脱经验的框架，每一次评价作为新问题，实地了解教育活动的各种信息，如此才能作出对这一具体的、特定活动的切合实际的诊断。

3. 教育评价的鉴定作用

鉴定作用是指教育评价对教育活动结果优劣的判定作用。它使评价者能确切掌握被评者的水平，便于确定和筛选；也可以使被评者根据评价结论找到自身努力的方向。鉴定与实施评价的目的有关，我国教育评价主要是由行政部门实施，其鉴定功能尤其明显。特别是把评价融入管理之中，作为教育管理的一种手段，用于各种行政检查，使它的鉴定功能进一步强化。

4. 教育评价的激励作用

评价的激励功能是指教育评价的正确应用，能够激发评价对象的内在动力，调动他们的潜能，增进他们工作的积极性与创造性等。在学习中，效果的好坏、成绩的优劣，始终是学生最关心的问题。这种渴望了解自己学习结果的心理趋向，本身就具有激励作用。一般说来，得到正评价(奖赏、肯定的评价)时，积极性比较高；得到负评价(惩罚、否定的评价)时，积极性比较低落。因此，在教育评价和激励中，如何重视这一心理反应，调动被评者的内部动机，让其看到自己的进步和成绩，具有十分重要　意义。同时，客观、公正的评价本身就具有激励作用。

总之，科学的教育评价，可以为教育定标导航。通过发挥评价的导向功能，转变学校办学观念；运用评价诊断功能，了解教学现状和状态；利用评价鉴定功能，保障素质教育的顺利进行；发挥评价激励功能、调动学校人员的创造性和积极性，从而为提高我国教育质量作出贡献。

6.2　微格教学评价的性质和指标体系的建立

微格教学评价由微格教学演变而来。它是一种促进教师专业发展的教师评价方法，具有人少、省时、集中、直观、放松等特征，其操作过程包括设施准备、前期辅导、制定评价表、编写教案、上课录像、实施评价六个步骤。微格教学评价法体现了评价目标相对集中、评价主体多元化、评价反馈全面及时准确、评价效果显著等优点。

从微格教学建立之日起，其评价标准的研究就在不断地进行。因建立时间不同、国情不同、培训对象不同，已有的微格教学评价标准也多种多样。从目前看，一个有效的、被公认的微格教学评价标准建立仍是一个难解的课题，原因在于：一方面，微格教学本身是一门艺术，其水平的高低不仅涉及受训者外显的教学行为，也涉及受训者内隐的教学理念，这就给微格教学目标的建立增加了相当的难度；另一方面，尽管微格教学兴起已有近 40 年历史，但其理论研究有待于进一步深入，如评价的内容、评价的方法等，这都涉及如何确保微格教学评价的客观性、实效性。以上原因使得微格教学的评价更多地是跟着感觉走，缺乏一种科学、有效的衡量标准。因此，建立一个科学、可行的微格教学评价标准是需要首先解决的问题。

微格教学评价标准如何设计呢？一个好的微格教学评价标准应有助于受训者的发展，对受训者有一种方向、目标作用，且易操作、可行。由于教学行为的复杂性，微格教学评价标准的设计也多种多样，各有千秋，其标准形式多以量化评价指标体系加上权重为主，主要包括指标等级和标准描述。

6.2.1 微格教学中评价的性质

教学评价是一种依据教学目标，对学生和教师进行系统测量并评定其价值和优缺点以求改进的过程。微格教学的评价，是在活动过程中进行的教学评价，评价活动本身的效果，并用以调节活动的过程，是保证教学目标实现而进行的形成性评价。这种评价要及时获得反馈信息，适时地调节控制，缩小过程与目标的差距。微格教学的评价处于动态过程之中，是一种即时的评价。

做好微格教学的评价工作，首先要做好微格教学实践的安排，评价者听课时要注意观察。其次要制定出评价的标准(指标)，使评价者有基本依据，明白主要从哪些方面着手，使定性与定量评价结合起来。定性评价能对教学的整体性质给予评判，分析所犯错误的类型。定量评价能对教学技能的各个指标给出量化的分数。定性评价与定量评价相结合，不仅能对因果关系分析解剖，而且能在量上作出准确判断。通过微格教学的评价能够产生以下积极意义：

1. 提高受训学员的教学能力

通过微格教学评价可以获得学员是否掌握某项技能的证据，以便及时指导。同时，通过评价得以让被评价者看到自己的成绩和不足。好的地方得到强化，缺点和错误得到纠正，将各项教学技能的理论和实践科学地结合起来，从而帮助学员更好地提高课堂教学技能。

2. 加强师生对教学技能的交流与认识

微格教学的组织形式使得全组师生成为研究教学技能的同伴，每位成员都可以直率地提出意见，互相取长补短，微格教学的评价也为执教者本人提供了充分的发言权。这与传统的评课是不同的，这种评价既不是简单地打分，也不是单看教学实践成绩的高低，而是在整个评价过程中发挥集体的智慧，对提高课堂教学技能起了重要作用。

3. 改革和发展现代课堂教学

随着科技的进步，教育改革的深化，微格教学中可以采用新理论、新方法、钻研新教材，运用新的课堂教学技能。微格教学评价过程，充分运用来自各方面的反馈信息，新的元素能激发学员的学习热情与动力。同时，教学技能评价目标的制定，也都体现了方向性和客观性，通过评价目标、评价体系的指引，可以使受训者的意识、技能和素质在原有基础上得到提高，适应教育改革的新形势，并加快现代课堂教学的改革和发展。

6.2.2　微格教学技能评价指标体系的制定

微格教学是以培养和提高师范生教学技能为中心的教学活动，评价反馈着眼于师范生技能行为的生成、发展及矫治和诊断策略，它以提高师范生对自我教学思维和教学行为的认识水平为目标，侧重师范生技术行为感知、技术行为原理，以及与行为操作的协同和沟通。评价指标体系按照这一要求，依照真实教学情景中各种教师行为的实际状态需求与学科教学达标要求，建立起教学者、学习者、指导者不同视觉的价值参照常数，并尽可能地对主要项目予以明确化规定和描述，使之成为具体的、行为化的、可测的和操作性强的评价反馈指标，并且通过它们判断培训目的是否达成、受训通过率是多少、某项技能行为指标是否有实际价值。因此，建立一个科学合理的微格教学评价指标体系是十分必要的，它不仅有利于促进微格教学的深入发展，而且有利于教师教学思维的发展和创新能力的培养，更有利于培养出适应现代课堂教学的新型师资。

1. 微格教学评价指标体系的设计原则

在构建微格教学评价指标体系时应充分考虑以下几项基本原则。

1) 目标性原则

微格教学是一种微型教学技能培训，各项培训目标必须十分明确。不论教学技能如何划分，各项技能评价标准构建都应基于培养新型教师这一总目标。评价项目的组成、指标内容、权重就是代表教学技能的主要组成要素，教学行为的达成目标要求及其在教学技能中应有的地位和重要程度，也是师范生在培训中应达到的目标和努力的方向。因此，评价指标体系有一种方向目标的作用，在制定项目指标时，要按不同学科要求，针对职前培训特点，全面考虑指标内容、分布、权重等以充分发挥评价指标的目标作用。师范生得到了这一评价标准，就明确埋头苦干要掌握的每一项技能的要求，并将其作为导向目标在备课时使用，在反馈和自我评价时使用，在相互评价时使用。

2) 发展性原则

微格教学评价属于形成性评价，其根本目的在于促进师范生教学能力的提高和发展，评价反馈时侧重于分析、诊断“角色扮演”中存在的问题，及时评价、及时调节。因此，在制定评价指标时，不应追求统一模式，要鼓励多样化，对不同的学生可采用不同的培训方式，允许学生对已有的模式加以变化，加入个人的理解，并形成适合个人特点的独特风格。评价项目指标、达标水平的标准描述应注重师范生教学思维的发展和创新能力的培养。

3）整体性原则

从系统科学论的观点来看，微格教学技能训练作为一个系统具有整体性的特征，它并不完全等于各种教学技能简单的叠加或无序的组合。在实际课堂教学中，教师的各种教学技能并不是绝对独立的，而是以综合的教学能力表现在具体的教学过程中。在构建评价指标体系时，既不能偏废某项教学技能，又要注意各种教学技能之间的逻辑关系，技能的划分和行为的指标不能绝对独立，也可以制定板块培训项目评价指标。评价指标体系应涵盖综合教学技能评价项目，师范生掌握了单项技能之后，适度进行综合教学技能训练才能使师范生体现出培训的实际效果，真正缩短准教师的“入门期”。

4）定性与定量相结合原则

定性评价可通过师范生在“角色扮演”中所表现出来的特点和个性根据重点反馈的原则写出评价意见，不单指出可取和不足之处，还要阐述其理由。定量评价则是制定出具体指标内等级水平。评价指标体系应体现定性与定量评价相结合的原则。为使评价便于操作，我们采用评价量化表。

5）突出学科专业特点原则

由于各学科专业知识不同，教学技能划分和评价标准、评价项目指标也有所不同，尤其是在职业教育及音、体、美等专业。这就要求在构建评价体系时，应充分考虑各学科专业的不同特点，把握其共性，突出个性，分别制定出不同学科专业的评价标准和评价量化表。

2. 微格教学评价指标体系的设计方法

1）评价指标体系的设计步骤

评价指标体系的设计步骤为划分教学技能项目、明确各项目的培训目标、编制各项目评价标准和评价量化表、评价标准及评价量化表的试用与修改。

2）评价指标体系的设计要求

根据学科专业的特点划分教学基本技能、过程技能和其他技能的培训项目，构建评价体系框架，然后选择词汇或短语描述不同标准的等级指标。描述应简明，标准等级数目和标准描述条目要少，每个条目注重的技能特征应不同，重点放在促进师范生教学能力的生成和发展上。在实际操作中只测量那些可测量的技能类别，并依据试用情况作出修改。

3) 评价指标体系的标准构成

评价指标体系的标准包括技能项目、各级达标水平、达标水平的指标、标准描述等。在评价指标体系中，评价标准是核心，它给出的是每一级别的标准和相应的能力水平以及对师范生能力表现的最低要求，并由等级指标体现如何改进的信息。编制和使用评价标准，使师范生明确级别标准，并降低指导教师对教学评价的主观性，促进课程和教学法的改进。

4) 评价指标体系的量化表构成

评价指标体系的量化表包括技能项目、各级指标内容、权重、成绩、评价意见等。评价量化表作为评价工具评价学习过程，用评价指标内容使师范生明确各技能达标的具体要求，采用不同的等级描述教学技能水平，并通过评价意见提供如何改进教学的信息。

5) 评价指标体系的完善

依据评价标准和评价量化表试用情况分析，发现评价指标体系内部的优点与缺陷，以在具体技能培训过程中扬长避短，使评价指标体系更科学、更有效，可操作性更强。

3. 建立微格教学评价标准要处理好的关系

1) 外显行为与内在理念的关系

由于微格教学最早引用于对教学技能培训的诊断上，因此，微格教学的评价标准，往往关注于受训者的外显行为，如教学方法、教学技能等，而忽视对影响教育者采用何种教学方法的内在理念的分析。随着教育改革的深入与发展，人们越来越感到最能影响教学效能的是教师的教育观念和教育教学理论水平。因为教师在教学中表现出的外显行为在深层次上一定有其头脑中存在的对教学行为起作用的“缄默知识”，即教学理念、思想。因此，微格教学评价标准不仅应反映受训者教学的外显行为，还应反映出受训者内心的教学理念，如教学中采用的某种教学方法，除了教者的方法规范要求外，还应考虑为什么要选择这样的教学方法、要达到什么目标等。我们认为，建立微格教学评价要很好地处理外显行为与内在理念的关系，内在理念是基础，外显行为是表现，在关注受训者外显行为的同时也应关注其深层次含义，既重外显行为的观察，又重内隐理念的表述，使受训者展现出来的每一个教学行为都有明确的理念作依据。当然，外在行为易观察、诊断，内在的理念隐蔽性强、不易量化，这就涉及评价的方法问题。

2) 定量评价与定性评价的关系

定量评价与定性评价的争论在教学评价研究中由来已久。目前，人们比较一致的观点是，在教学评价中努力实现定量评价与定性评价的结合。但在实际操作中，还是以前者为主，评价指标被具体化为量化的评价指标体系加上评语描述。从评价标准的整体设计来看，仍遵循了设立指标、确定权重这样一个定量化评价标准建立模式，权重就是代表教学技能的主要组成要素、教学行为的达成目标要求及其在教学技能中应有的地位、重要程度。不可否认，这种以定量化为主要倾向的教学评价标准，以统一标准的形式确定了“在标准面前人人平等”的原则，以分数的形式保证了评价的客观性和公正性。但是，通过对评价过程的分析，我们发现这种评价标准的建立有其局限性，教学行为是与教材、学生紧密联系的，把教学行为分隔成几个部分分析，只能考核出一个人教学技能的运用技巧和熟练程度，却很难反映出一个人的整体教学水平、理解教材的能力，评价结果往往是以失去人的丰富文化内涵为代价的。其结果是被评者过于注重教学表层行为的规范性和技术性，对教学深层次的东西缺少考虑。这样培养的人在今后的教学工作中易养成靠经验指导教学实践的习惯。这并不是说微格教学的评价不需要分类、量化，而是要根据评价目标决定。如果评价目标是成果性的分等定级，量化评价便是可贵的探索；如果目标是查寻教学训练过程的问题和促进培训者教学能力的发展，评价则需要结合定性评价。需要注意的是，定性评价不是评价者的主观意念，而是需要分等定级，评价描述准确、科学，让被评者心中有数，使其有明确的努力方向。

3) 教学技能与教学模式设计能力的关系

微格教学评价是侧重于教学技能的评价还是侧重于教学模式设计能力的评价？这涉及我们的评价目标是促进师范生生存能力的培养还是可持续发展能力的培养。毫无疑问，培养教师生存的基本技能是必要的，但仅限于此是远远不够的。过多地依赖于技能培养易使师范生只会依靠按部就班的方式传递、复述现有的知识，以能达到教师“基本胜任标准”为努力方向，其劳动模仿性、重复性强，而缺乏创造性。这种衡量标准使得我们培养的教师整体素质较低，他们很少对其教学行为、教学方式、教学方案成因进行思考、分析，缺乏整体把握教学的能力和设计体现现代教育思想的教学操作模式的创新能力。显然，这种状况必须改变。教学技能固然重要，但它只是做教师的外在条件，而教学模式的设计则需要深层次的东西，需要对教育思想、教育观念的深刻领会，需要对教学目标、教材的透彻理解。教学设计的过程实际上是教师内在思想的反映，是教师劳动创造的实现。从这个意义上说，具备教学设计能力对教师的可持续发展更有意义。

6.3 微格教学技能评价的实施过程

微格教学是以培养和提高教师或学员的教学技能为中心的教学活动。在这种活动中，教学技能的获得和提高可分为学习技能、观察技能、练习技能、评价技能、改进技能五个阶段。在这种教学技能的学习和形成的动态过程中，教学技能评价起着非常重要的作用。微格教学技能评价是以学生的教学技能为对象的评价，是学习和形成教学技能的评价，是在训练过程中进行的，并突出发挥在过程中的形成性作用。

在微格教学这种教学技能习得的动态过程中，教学技能评价起着极其重要的作用。为使微格教学确有成效，必须为学生提供反复观看其教学行为的条件。微格教学技能评价主要通过重放录像、自我分析、讨论评价的方式进行。而具体实施情况如何?效果怎样?只有少数人在研究教学能力训练模式的过程中对微格教学评价和反思方面有粗略的调查，从他们的研究结果可知，目前微格教学技能评价多以教师评价和学生面对面的评价为主，人数多，设备有限，学生没有机会反复观看自己的录像视频，不能对自己进行全面系统的反思，从而影响微格教学的效果。那么学生对现行微格教学技能评价的总体看法如何?学生对微格教学技能评价的准备工作有何要求?对评价的具体形式有怎样的想法?在反思方面又有何高见?随着信息技术的发展，微格教学评价是否可以依托新的技术产生新的评价形式，以更好地适应师生微格训练的需要?

6.3.1 讲授教学技能及组织评价动员

讲授教学技能就是指教师运用简明、生动的教学语言，辅以各种教学媒体，通过叙述、描绘、解释、推论等方式将现成的知识、经验及其形成过程直接呈现给学生，并作必要的描绘、举例、阐释、说明、论证等，引导学生了解现象；学生主要通过聆听、观察与思考进行接受式的学习，理解教学内容，形成概念、原理、规律、法则，从而认识问题、分析问题、解决问题，并促进智力与人格全面发展的教学行为方式。

适当地让学生自己去发现一些前人已经发现的结论，无疑有助于培养学生的探索精神和能力，激发学生的创新潜质。但是，我们无论如何也不可能让学生把前人走过的路全部重新走一遍。通过讲授法，教师向学生传授知识，学生在教师的引导下学习知识，这样才造成了教学活动的发生，促成了教学的发展。讲授教学也有其独特的优点。

(1) 通过教师的引导，学生接受知识的效率得到了提高，在较短的时间内获得了大量、系统的科学知识。

(2) 教师合乎逻辑的论证、科学的思想观点，善于设疑、置疑以及生动形象的语言等，都潜移默化地影响学生。融入思想教育，教师在传授科学知识的同时，可以有目的、有计划地向学生进行教育，提高学生的整体素质。

(3) 在教学过程中，教师主导教学过程，可以自主把握，易于控制教学过程，更有利于在规定的时间内完成教学任务。

(4) 讲授法教学对教学设备没有特殊要求，不受限于外界环境，教学成本较低，便于广泛运用。最简单的只要靠“一张嘴，一支粉笔，一块黑板”三大法宝，运用传统教学模式便可进行教学活动。

讲授框架一般可以分为三个部分，即引入(引入题目导论)、主体(议论、推理、论述)和总结(结论、结果)，这三个部分都不能脱离主题。

讲授框架的设计要遵循学生的认知规律，即由浅入深、由近及远、由易到难、由表及里、由已知推及未知、由简单到复杂，使讲解条理清楚，有的放矢，突出整个知识体系中最基本的内容，起到“削枝强干”、“以主带从”的作用，便于启发学生思维，形成正确的认识。

讲授技能的语言要具有针对性，必须考虑学生的实际，适合于学生的生活经验、思想感情、兴趣需要，同时还要考虑学生的年龄特征、知识层次和认识能力。语言要清晰、紧凑、精练，既有严密的科学性、逻辑性，又要通俗明白，正确地运用学术用语，还应具有说服力和感染力。避免逻辑上的混乱以及表达上的重复或其他语病。不模棱两可，闪烁其词；不拖泥带水，吞吞吐吐；不刻意雕琢，言过其实。另外，语音的高低、强弱、语速和间隔应和学生的心理节奏相适应，让学生听清楚，才能有助于学生接受教师讲授的知识。

教学是师生的双边活动，现代教学特别强调学生的参与。成功的讲授过程必然要有师生间知识信息和情感的交流。教师在教学中要建立以学生为主体的意识，在讲授过程中要随时注意获得学生学习的兴趣、态度和理解程度等反馈信息。一般可以通过观察学生的表情、行为和操作活动，留意学生的非正式发言，如“啊？！”，“为什么？”，“明白”。捕捉学生的兴趣、态度、注意力的变化，从学生回答问题或提出的问题中了解学生理解、掌握知识的程度，从而获得反馈信息。根据反馈信息及时调整讲授的方式和速度，强调师生间的默契和情感交流，使大多数学生能够跟上教学进度，达到教学目标的要求。

6.3.2 微格教学中评价记录，收集信息资料

当进行微格教学实际训练时，由指导教师以及听课的其他教师和学员做评价员，按事先说明的评价标准，在听课后，每位评价员在评价单上各条款测量内容的等级中取适当等级记录。同时用录像手段将讲课录下来。如果还要对学生参与活动量评价，可另请一位学员或指导教师应用评价量表登记记录，以便分析时使用。

6.3.3 评价信息资料的统计处理

在记录评价完毕之后，统计员需要填写统计记录。以提问技能为例(提问技能的评价标准可参考表 4-2)，统计员制定出统计用表格，如表 6-1 所示。假如有 10 人参与评课，对第一项“提问的主题明确，与课题内容联系密切”，评好的有 2 人，占总人数的 2／10；评中等的有 6 人，占总人数的 6／10；评差的有 2 人，占总人数的 2／10，在统计表格的第 1 项右边等级比率栏内，填入 0.2，0.6，0.2，依次将每个评价项目的等级比率分别填入统计表。

表 6-1 提问技能的评价统计表

评价项目	权重	等级比例		
		好	中	差
1	0.15	0.2	0.6	0.2
2	015	0.1	0.7	0.2
3	0.10	0.2	0.6	0.2
4	0.10	0.0	0.4	0.6
5	0.10	0.5	0.6	0.0
6	0.10	0.2	0.7	0.1
7	0.05	0.2	0.5	0.3
8	0.10	0.3	0.6	0.1
9	0.10	0.2	0.8	0.0
10	0.05	0.3	0.5	0.2

6.3.4 分析判断，作出结论

根据表 6-1 中的数据，可以得到如下两个矩阵 ***A*** 和 ***B***，其中矩阵 ***A*** 由各评价项目的权重组成，矩阵 ***B*** 由各评价项目的等级比率组成。

$$A=\begin{bmatrix}0.15 & 0.15 & 0.10 & 0.10 & 0.10 & 0.10 & 0.05 & 0.10 & 0.10 & 0.10\end{bmatrix}$$

$$B=\begin{bmatrix}0.2 & 0.6 & 0.2\\ 0.1 & 0.7 & 0.2\\ 0.2 & 0.6 & 0.2\\ 0.0 & 0.4 & 0.6\\ 0.5 & 0.6 & 0.0\\ 0.2 & 0.7 & 0.1\\ 0.2 & 0.5 & 0.3\\ 0.3 & 0.6 & 0.1\\ 0.2 & 0.8 & 0.0\\ 0.3 & 0.5 & 0.2\end{bmatrix}$$

设矩阵 $\boldsymbol{C}$ 是对提问技能的评价矩阵，矩阵 $\boldsymbol{C}$ 由矩阵 $\boldsymbol{A}$ 和矩阵 $\boldsymbol{B}$ 相乘得到，有 $\boldsymbol{C}=\boldsymbol{A}*\boldsymbol{B}=\begin{bmatrix}0.21 & 0.615 & 0.185\end{bmatrix}$。

矩阵 $\boldsymbol{C}$ 的结果显示，参加评价的 10 人中，对执教者的课堂提问技能各项指标全面评价后，有 21%的人认为好，61.5%的人认为中等，18.5%的人认为差。

设每个等级与百分制分数的对应关系为：好 = 90 分，中 = 70 分，差=50 分，由此组成分数矩阵 $\boldsymbol{D}$，有 $\boldsymbol{D}=\begin{bmatrix}90\\70\\50\end{bmatrix}$。

最终评价结果用 $\boldsymbol{E}$ 表示，$\boldsymbol{E}$ 由矩阵 $\boldsymbol{C}$ 和矩阵 $\boldsymbol{D}$ 相乘得到，有 $\boldsymbol{E}=\boldsymbol{C}*\boldsymbol{D}=71.2$

从上面的计算结果可以看出，被培训者的提问技能为 71.2 分，处于中等水平。

6.3.5 微格教学中学员的评价意识

微格教学的训练除重点训练和提高学员的基本教学技能外，还同时着眼于提高学员的评价意识，以达到提高学员对教学技能的观察和鉴别能力。作为一名教师，应具有较高的对教学的观察和鉴别能力，这对提高教学质量和教学研究有很大好处。如果不知道什么是一节好课，自己又如何去设计一节好课呢？因此，在微格教学中接受教学技能的识别和评价训练，可以有多种做法。

第一，在前边学习技能和评价技能标准时，提高学员的参与评价意识，提高观察和鉴别能力。

第二，在自己备课，编写微格教学某技能教案时，要逐一标明应用的教学技能要素，识别技能，准备以最大的热情和努力恰当地表现自己的教学技能。

第三，学员参与他人评价。在微格教学中，每一位学员都要做评价员，在指导教师指导下熟悉如何评价课堂教学技能，参加评价其他学员的微格教学，观察和鉴赏别人。可以要求，评价他人时把自己的姓名署在评价单的右下角，供指导教师了解和评核该学员对教学技能的观察和鉴赏能力。还可以采用该学员判断的各项测量评价等级值与指导教师的各项测量评价等级值相比较作出判断，也可采用该学员测量的评价值与平均值相比较作出判断。

第四，学员自我评价。在观看自己的微格教学录像时，要作自我分析和自我评价，自己评述教学技能的表现状况，提出改进方案。教师要鼓励学员进一步思考，提出更多改进建议。

在整个教学技能的学习和训练中。识别和评价技能是动态的，不可缺少的重要因素，使评价成为掌握和实现目标教学技能，推动教学技能研究和提高的杠杆。

6.4　微格教学中的反馈

反馈是控制系统的基本方法和过程。将系统以往控制作用的结果再送入系统中去，使其作为评定系统状态和调节以后控制的根据，这一信息传递过程就称为反馈。教学过程就是一个控制系统，人类的学习就是一个反馈过程。反馈在教学上，是师生之间相互沟通、相互作用、信息往返交流的过程。教师通过反馈既可以了解到学生对教学内容的态度、评价、愿望和要求，也可以根据反馈信息，有针对性地调节教学进度、教学方法和知识的深浅程度。学生可以通过自己的表情、姿态或语言等，比较及时、直接、集中而明显地对教学作出反应，又可及时得到教师对自己反应的评价，从而得到清晰而准确的知识。因此，有经验的教师在课堂上，往往是一边讲解一边有意识、有重点地用眼睛观察学生，从中发现问题，获得反馈信息，从而调整教学过程。

6.4.1　反馈的条件和意义

教学过程是一个系统的运动过程。要使这个系统的运动有序，能按照一定的目标前进，就必须不断地得到反馈信息，实行有目的的控制。反馈是系统控制中不可缺少的信息传递过程。要知道一个系统的现实状态和发展的可能性，就要知道对其控制的结果，不知道控制结果的控制是盲目的控制，盲目的控制是最危险的。如何实现有目的的控制呢？要求反馈具备以下几个条件。

1. 反馈必须及时

反馈必须及时即反馈的速度要大于被控系统状态改变的速度，反馈要在下一次控制决策之前完成。反馈的意义在于调整下一次控制，不能及时地获取反馈信息对系统的运动状态进行准确的调整，反馈的信息量再大，准确与否都是没有意义的。

2. 反馈必须准确

反馈必须准确即反馈信息要真实可靠。错误的情报会导致做出错误的判断，判断错误就不能对被控系统进行正确的调整，就会使控制失效。假性反馈的信息再及时，信息量再大，也会使系统的运动远离预定的目标。

3. 反馈具有可观察变量

反馈具有可观察变量即控制者能够观察到对象的运动状态，并能与理想状态比较，能够从差异中观察到问题。对于差异量变化的大小，简单系统可以凭直觉测量，复杂系统则要凭借一定的科学手段。

4. 反馈具有可控制变量

反馈具有可控制变量即要求控制变量必须是可操作的。当控制者获得反馈信息，发现问题需要调节时，能够找到问题的原因，对控制变量能够调节和改变。

5. 反馈能够排除干扰

反馈能够排除干扰即反馈系统要运行可靠，使控制者能识别反馈信息的真实性与假象，能了解受控对象的真实情况。

教学中的反馈可以有效地强化动机，促进行为的改善。反馈的效益主要来自于强化。一般学科教学的试讲活动，因为在事后评定，反馈环节很薄弱，控制调节作用更小，达不到强化的效果。微格教学中的反馈弥补了传统的学科教学法的不足。借助录像，采用自评、互评、点评相结合的方式对被训者进行真实的、及时的反馈，能很好地发挥反馈的控制调节作用，强化效果好。微格教学中的反馈是及时反馈，信息量很大。在教学技能实践后，立即以重放录像的形式给被培训者提供自我观察教学过程和分析自己教学行为的条件，让学员能够找出自己的优缺点，进行及时的修正。通过反馈，使学员获得大量的信息，使自己的教学技能得以提高。

6.4.2 反馈的方式

反馈的方式按时间分为及时反馈、短时反馈和长时反馈。微格教学采用的是及时反馈或短时反馈，以充分发挥评价的改进功能，做到及时调整和矫正。所以，学员角色扮演结束后，指导教师对评价单要及时处理，并组织观看被评分学员的录像，组织讨论和及时评价。

反馈的方式按信息来源分为他人反馈和自我反馈。微格教学把他人反馈和自我反馈相结合，有效地改进教学行为。对微格教学训练中的师范生和教师来说，自己不易察觉自己某些行为的弱点，如讲课的速度快，面孔呆板，语调低而平淡，使人困倦，走动过于频繁等。通过观看录像或听录音，接受自身教学行为的信息反馈，是自我反馈。反馈所采用的媒体有录音、录像，学员观看自己的授课录像后，首先由被评价学员分析自己教学技能的优点及缺点，然后大家讨论。这种自我反馈产生较强的信息刺激，对矫正错误非常有效。所以学员首先要重视自我评价反馈。

来自指导教师和其他学员的反馈都是他人的反馈。看完录像，先由讲授者作自我评价的发言，接着进行组织讨论。一般来说，恰当的表扬，能使被评者容易接受别人批评并建立自信心。因此，要求反馈评价的分析要充分，以正面评价为主，充分肯定优点，并恰当指出不足，提出改进建议。同时，教师可以把定量评价单评价结果发给被评价者本人(一般不向全体学员公布)。把定性评价与定量评价相结合，加上看录像和讨论中他人的发言分析，使被评价者矫正起来心悦诚服。来自同行(学员和教师)的信息反馈和充分讨论中的建设性意见，可以帮助每位学员再次修改教学设计与教案，再录、再观看录像、再评价，这样就能更好地使评价反馈起到改进和提高教学技能的作用。这种教学技能的获得和提高，是沿着螺旋式上升的，体现了教学评价的动态特性和循环模式。这也是微格教学的重要特点之一，它使教学技能的获得和提高迅速而有效。

6.4.3　反馈应注意的问题

1. 加强组织，用好录像

在反馈评价中，指导老师要给予恰当的组织和安排，被评价者要通过重放录像观察审视自己的教学行为，根据自己确定的目标找出教学中存在的问题，进行自我分析、自我反馈，与此同时，评价人员(包括指导教师)要根据录像提供的信息，按照一定的评价要求，定性定量地分析被评价对象的教学行为，以他人反馈的方式，给被评价者提供大量的反馈信息。在这个过程中，被评价者获得了非常有效的改进教学的意见，学员评价者提高了评价能力和鉴赏水平，指导教师掌握了学员的训练情况。

2. 反馈意见要具体、集中、可行

微格教学强调具体、集中的反馈，并能立即得到利用。评价人员可根据爱伦教授的“2+2”教学指导法，即每个被评价者一般只提出两条赞扬性意见和两条改进性

意见、把反馈意见限制在每样两条以上。这样做的目的在于使评价者和被评价者把注意力集中在最重要、最容易改进的方面，因此针对性强，重点十分突出，有利于被评价者抓住关键，诊断和改进教学行为。

3. 选用恰当的反馈形式

目标达到程度评价的反馈信息，对被评价者来说，是一个极为敏感的问题。被评价者的自信心、自尊心和情绪会受到评价结果反馈的影响。特别是简单的否定，可能会使被评价者的自信心动摇，情绪不稳定，甚至产生一些消极的心理和行为活动。因此，要注意选择恰当的反馈方式，以避免被评价者感到焦虑，如多采用启发式，引导学员自我客观认识，或采用讨论作为反馈方式，转移过分关心分数的注意力，还可采用小范围的反馈，或将评价分数、直方图结果和相互作用分析的结论，在讨论时交给被评价者本人，防止扩散否定性的评价结果。

参 考 文 献

陈传锋. 1999. 微格教学. 广州：中山大学出版社
范建中. 2010. 微格教学教程. 北京：北京师范大学出版社
郭友，杨善禄，白蓝. 1993. 教师教学技能. 北京：首都师范大学出版社
蒋文斌. 2007. 数字化微格教学系统构建方案. 教育信息化, (22): 88 ~ 89
李颖. 1999. 中学语文微格教学教案. 北京：科学出版社
李志河. 2009. 微格教学概论. 北京：北京交通大学出版社
刘宗南. 2011. 微格教学概论. 天津：天津出版社
孟宪凯. 1992. 微格教学基本课程. 北京：北京师范大学出版社
彭保发. 2011. 微格教学与教学技能. 南京：南京大学出版社
荣静娴, 钱舍. 1999. 微格教学与微格教研. 上海：华东师范大学出版社
沈汉标. 2006. 微格教学系统方案之比较. 教育信息化, (1): 67 ~ 68
王凤桐，陈宝玉. 2010. 走进微格教学——教学技能培训的策略与实践. 北京：首都师范大学出版社
王晞. 2008. 课堂教学技能. 福州：福建教育出版社
乌美娜. 1994. 教学设计. 北京：高等教育出版社
肖锋. 2002. 学会教学：课堂教学技能的理论与实践. 杭州：浙江大学出版社
杨国全. 2001. 课堂教学技能训练指导. 北京：中国林业出版社
杨鸿. 2001. 如何提高课堂教学技能———本等你来完成的书.长沙：国防科技大学出版社